Tagebuch von Christian Frietsch

Eine Reise nach Moskau und auf die Krim
10 Tage im November 2022

goodnews4

Erste Auflage

www.goodnews4.de

Umschlag, Gestaltung, Fotos, Satz: goodnews4

ISBN: 9798389967472

Ich bedanke mit für die Mitarbeit und Unterstützung bei
Udo Raschendorfer, Alisa Melcher, Nadja Milke,
Luba Gribkova, Leonid Gorelik.

Nach der russischen Annexion der Krim erklärte Katharina II. die Krim 1783 „von nun an und für alle Zeiten“ als russisch.

Quelle: Landeszentrale für politische Bildung Baden-Württemberg

„Dieser russische Krieg gegen die Ukraine, gegen das ganze freie Europa, hat mit der Krim begonnen und muss mit der Krim enden, mit ihrer Befreiung“

Wolodymyr Selenskyj
Deutscher TV-Sender ZDF am 10. August 2022

PROLOG

Die Vorstellung, eine Zugreise könne 29 Stunden dauern, macht nicht jedem gute Laune. Aber mit dem Flieger geht es nicht im November 2022, wenn man via Moskau auf die Halbinsel Krim reisen möchte. Der Luftraum ist wegen des Krieges gesperrt rund um die Ukraine. Also lasse ich mich auf das Abenteuer ein. Im Kasaner Bahnhof versammelt sich eine ziemlich große Menschenmenge, um in den Süden zu fahren. In unserem Coupé findet sich neben mir meine Begleiterin Luba ein. Lena und Sergej machen das Quartett komplett in diesem kleinen Schlafzimmer im Nachtzug, der eigentlich Tag- und Nachtzug heißen müsste bei dieser langen Reise.

Ziemlich oft hatte meine Mutter eine Ausstellung ihrer Kunstwerke in Russland erwogen. Nun, sieben Jahre nach ihrem Tod, mache ich mich auf den Weg, um nachzuholen was sie versäumte, weil der Tod ihr Künstlerinnenleben einfach beendete, obwohl sie noch nicht fertig war mit ihren Ideen und Planungen. Die Ausstellung in Russland stand ja noch auf der Agenda. Nun begleiten mich die Gedanken an die Ausstellung nach Moskau, aber vor allem die Frage, ob Kunstwerke einen Beitrag leisten können, um der Spirale der Kriegslogik entgegenzuwirken. Die Bilder sollen in Moskau und in Jalta für den Frieden werben. „To Build a Bridge". Nur ein Visum mit russischem Stempel erlaubt eine Reise zur Krim, so reise ich nach ukrainischer Auffassung illegal auf ukrainisches Staatsgebiet. Der Krieg ist ein Rückfall in das 19. und 20. Jahrhundert. Auch die Folgen des Krieges. So kann man nun erleben, wie es wohl gewesen sein muss, als Ende des 19. Jahrhunderts die Menschen die Weiten Russlands mit der Eisenbahn erkundeten. Damals, nach den mühseligen Fahrten mit den Kutschen, ein großer Sprung nach vorne. Heute, im

Vergleich zu den bequemen Flugverbindungen, ein Schritt zurück. Die abenteuerliche Reise könnte man vielleicht genießen, wenn nicht der Krieg wäre.

Auf der Reise ist Luba Gribkova die wichtigste Stütze. Sie übersetzt in vielen Fällen, wenn ansonsten keine Verständigung mit Reisenden möglich ist. Im Coupé entsteht bald eine Gemeinschaft mit Menschen, die man ansonsten nicht näher kennengelernt hätte. Sergej und Lina auf der Hinfahrt nach Simferopol und Mohamed und Achmed auf der Rückfahrt nach Moskau. Die beiden Ägypter geraten in die Wirren des Krieges. Sie haben gerade nach der Rückeroberung von Cherson durch die Ukraine ihren Job bei Siemens verloren und müssen sich nach Moskau durchschlagen, um dann von dort nach Kairo zu fliegen. So ist alles durcheinandergeraten für die Reisenden in diesen Zeiten.

Die Mission für die Kunstwerke meiner Mutter ist der Grund meiner Reise. Die Eröffnung einer Ausstellung in Jalta, der Partnerstadt von Baden-Baden, heißt mein selbsterteilter Auftrag. Aus meiner Haut als Journalist kann ich nicht heraus. Ich werde mich nach den unterschiedlichen Meinungen, Wahrnehmungen und Wahrheiten umhören. Es gibt keinen Kameramann, keinen Tontechniker, keinen Aufnahmeleiter oder Bodyguard an meiner Seite. Nur meine beiden Handys und die Powerbank. In der rechten Hosentasche das Smartphone für die kurzfristigen Bilder und Videos zur Weiterleitung an die Redaktion. In der linken Hosentasche das zweite Smartphone für die Archivaufnahmen, mit dem ich längere Bilderserien und Videos aufnehme. Eine Powerbank in der Innentasche meiner Jacke, dazu die notwendigen Adapter. Das ist schon alles. Ich bin auf mich gestellt. Das hat den Vorteil, dass man mit den Menschen schnell ins Gespräch kommt. Es gibt kein imposantes Team um mich herum und damit auch eine Barriere weniger.

Mit auf den Weg quer durch Russland auf die Krim nehme ich nicht nur gute Wünsche. Udo, ein Freund und ehemaliger Kollege, mit dem ich für die amerikanische Webeagentur Ogilvy & Mather arbeitete, sendet mir eine WhatsApp-Nachricht. „Ich hoffe Du wirst nicht propagandistisch missbraucht", schreibt er. „Das kann schon sein, aber das beruht auf Gegenseitigkeit", schreibe ich zurück.

„Mit einer Wahrheit habe ich Baden-Baden verlassen. Mit 1.000 Wahrheiten kehre ich zurück", lege ich mir auch schon mal eine Headline für meine Rückkehr nach Deutschland zurecht.

Was denken die Russen heute? Was denken sie über Wladimir Putin? Was denken sie über den Krieg? Ich weiß, dass ich „die Russen" mit repräsentativem Ergebnis nicht befragen kann, sondern nur einzelne Russinnen und Russen. Vielleicht 50 oder 100 kurze oder längere Wortwechsel. Mühselig das Ganze. Einfacher wäre es einer repräsentativen Befragung zu folgen oder der Einschätzung eines sogenannten Russlandexperten. So machen wir es in Deutschland in den Redaktionen. Wie auch sonst sollte man jeden Tag seine Leser und Zuschauer mit Kommentaren versorgen.

Mit Tagebucheinträgen habe ich am 5. November am Flughafen Frankfurt begonnen. Als Podcast und WhatsApp-Nachricht sende ich täglich mehrere Nachrichten an die Redaktion. Sie sind Grundlage auch für diese Buchversion.

Hinweis zum Anhang in diesem Buch

In einem Schreiben vom 11. November 2022 erklärte die ukrainische Organisation „Association of Reintegration of

Crimea“ die Reise von Christian Frietsch auf die Krim als illegal. Das Schreiben richtete sich unter anderem an das deutsche Außenministerium in Berlin und forderte zu Konsequenzen gegen den Baden-Badener Journalisten auf. Christian Frietsch erklärte sich während seines Aufenthaltes in Russland schriftlich zu den Vorwürfen der ukrainischen Organisation, deren Schreiben vom ehemaligen ukrainischen Justizminister unterschrieben ist. Im Anhang sind die Schreiben abgedruckt.

Im Anhang dieses Buches ist ein Interview von Christian Frietsch mit Georgij Muradov abgedruckt. Der „ständige Vertreter der Krim beim russischen Präsidenten“ Wladimir Putin ist auch stellvertretender Ministerpräsident der Krim. Nach Auffassung der offiziellen Vertreter der Ukraine ist Georgij Muradov illegal im Amt. Das Interview wurde im Februar 2023 per Online-VIDEO-Call geführt.

SAMSTAG, 5. NOVEMBER

Laut der Angaben der Ukraine soll das russische Militär angeblich zivile Schiffe in Cherson zerstören, damit diese nicht der ukrainischen Armee in die Hände fallen. Die Stadt steht angeblich unmittelbar vor der Zurückeroberung durch das ukrainische Militär. In Kiew und anderen Regionen soll es Stromausfälle geben, meldet die Nachrichtenagentur AFP. Das russische Militär habe die Stadt Bachmut beschossen, meldet der ukrainische Generalstab.

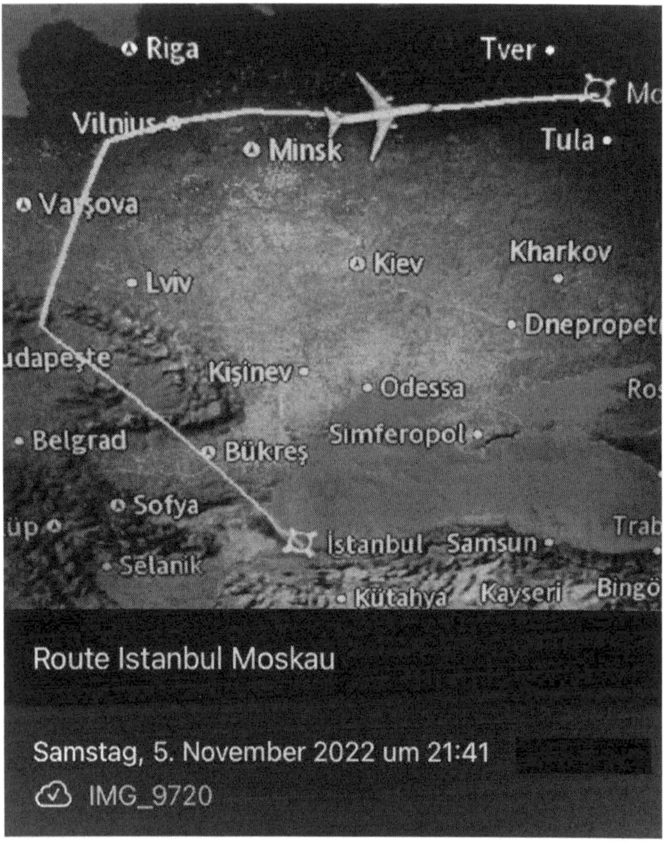

Route Istanbul Moskau

Samstag, 5. November 2022 um 21:41 [redacted]

IMG_9720

13:21 Uhr Flughafen Frankfurt am Main, Takeoff in 30 Minuten. Direkte Flüge von Deutschland und anderen westeuropäischen Ländern nach Russland gibt es nicht mehr. Meine Reise führt mich so nun von Frankfurt nach Istanbul, von dort dann weiter nach Moskau. Von Moskau mit der Bahn weiter nach Simferopol und von der Hauptstadt der Krim nach Jalta. Meine Reise mache ich jetzt quasi mit dem Motto „Wenn nicht jetzt, wann dann?" In Jalta wird am kommenden Freitag eine Ausstellung meiner Mutter Elisabeth Frietsch-Eyer eröffnet. 40 Jahre ihres Künstlerlebens hat sie ihre Werke den Ländern Deutschland, Frankreich und dem historischen Russland gewidmet. Sie konnte in Deutschland viele Ausstellungen machen, in Frankreich auch und jetzt ist der beste Zeitpunkt für eine Ausstellung „To Build a Bridge" in Moskau und in Jalta, der Partnerstadt von Baden-Baden.

❖

20:30 Uhr Istanbul. Es bleibt im Transitbereich keine Zeit, einen Kaffee zu trinken. Der Weg von Gate A zu Gate 14 dauert eine Dreiviertelstunde, ein paar Worte spreche ich ins Podcast-Tagebuch. Jetzt geht es nach Moskau, vier Stunden dauert der Flug. Erdogan sei Dank, dass er wenigstens diese Brücke aufrechterhalten hat, um nach Moskau fliegen zu können. Die Menschenschlange für das Boarding ist lang. Es gibt Ärger mit einem Passagier, der offenbar kein gültiges Visum vorzeigen kann. Als ob nicht ohnehin alles umständlich genug wäre in diesen Zeiten, mag der gestresste Passagier denken. Schließlich darf er doch in den Flieger einsteigen.

❖

Kurz nach Mitternacht soll die Maschine der Turkish Airlines in Moskau landen. Während des Nachtflugflugs von Istanbul nach Moskau lerne ich eine russische Familie kennen. Vater, Mutter und die vielleicht etwa zwölfjährige Tochter haben in meiner Reihe in der Mitte des Flugzeugs ihre Plätze eingenommen. Ich sitze am Fenster. 20 Euro Aufpreis in der Economy Class. Stolze 2.004 Euro kostet der Flug von Frankfurt nach Moskau via Istanbul für den Roundtrip. Bestimmt ein gerechtfertigter Preis in diesen Zeiten. Eine Gefahrenzulage für die Crew gewissermaßen. Der Gedanke einer verirrten russischen oder ukrainischen Rakete ist nicht völlig abwegig. Bepackt mit Einkaufstüten fliegt die Familie wieder zurück nach Moskau. In Istanbul konnten sie alles einkaufen, was das Herz begehrt – schicke Markenklamotten und solche Sachen, die von den westlichen Ländern nicht mehr nach Russland geliefert werden seit dem Angriff auf die Ukraine. Mit dem Familienvater komme ich ins Gespräch. Er fragt, ob ich geschäftlich in Moskau zu tun hätte. Als ich das bejahe, gibt er mir eine der vielen neuen Wahrheiten oder Realitäten mit auf den Weg. „Schauen Sie doch mal in die Sanktionsliste, dann wissen Sie, ob ihre Gesprächspartner wichtig sind oder nicht“, er lacht dabei. Ich lache auch und nutze die gute Stimmung für die Frage „What do you think about Wladimir Putin?“. Die Antwort kam schnell: „Putin is our President“, und er setzt seine Kopfhörer auf. Ich deute es so, dass er an weiterreichenden Konversationen nicht interessiert ist.

❖

Mit einer Stunde Zeitverschiebung ist es jetzt bei der Ankunft in Moskau schon der 6. November. Ein Sonntagmorgen. Diese Anreise von Frankfurt am Main via Istanbul und von dort über Rumänien, Ungarn, Polen und Weißrussland war umständlich. Das Umfliegen der Ukraine dauerte mit Transitzeiten zehn Stunden. Turkish Airlines sorgte für ein Good Landing, das ist ja wichtiger als ein guter Flug. An jedem Tag versuche ich aus den zugänglichen Quellen die wichtigste Nachricht zur militärischen Lage zu erfassen.

SONNTAG, 6. NOVEMBER

Die russische Nachrichtenagentur Tass meldet, dass der Kachowka-Staudamm durch russischen Beschuss beschädigt worden sei. Mehrere ukrainische Städte, unter anderen Saporischschja, seien beschossen worden, berichten ukrainische Behörden. Nach zwei Tagen sei die externe Stromversorgung des Atomkraftwerks in Saporischschja wiederhergestellt, teilte die Atombehörde mit.

Sonntag, 6. November 2022 um 14:19
IMG_0263
Moskau
Moskau - Tverskoy District >

В.В.Путин

Добрый
cola
Добрый
cola
Добрый
cola

Jinping
TRUMP
A. Merkel
В. Путин

01:51 Uhr Ich bin in Moskau auf dem alten mit neuem Glanz versehenen Flughafen Wnukowo angekommen, so eine halbe Autostunde entfernt von der Moskauer Innenstadt. Gegen 02.00 Uhr gibt es wenig Verkehr auf den 30 Kilometern von Wnukowo in die Innenstadt. Ein modernes Stadtbild sehe ich durch die Fenster des Taxis, das zügig durch die breiten, hell erleuchteten Straßen fährt. An Energie fehlt es nicht in Moskau. Links und rechts sehe ich in endlosen Straßenzügen neue Hochhäuser geschickt eingefügt und zusammen mit der alten, renovierten Bausubstanz vorbeiziehen. So kommt mir in den Sinn, dass niemand im Kreml diese schöne Stadt riskieren würde, auch nicht Wladimir Putin, in dessen Amtszeiten aus Moskau eine moderne Metropole wurde. An den Abgrund, wie 1962, wird die Welt vorläufig also nicht geraten, bin ich mir in diesem Moment sicher. Vor einigen Tagen habe ich das nach einem Interview mit Franz Alt noch anders gesehen. Vor gut zwanzig Jahren war ich mal da und habe im Slavyanskaya beim Bahnhof Kiew gewohnt. Da waren die Straßen voller Schlaglöcher. In jeder Ecke stand ein dampfender Moskowitisch oder ein defekter Lada. Die ganze Stadt war marode. Das hat sich geändert. Es waren ja schon viele Menschen aus dem sogenannten Westen da in diesem neuen Moskau und haben gestaunt über diesen Wandel. Aber jetzt, in der aktuellen Lage, ist die Taxifahrt eher beklemmend. Eine moderne westliche Großstadt isoliert fast vom ganzen Rest der Welt. Ich bin einer der wenigen Besucher aus dem Westen. Beim Blick aus der Windschutzscheibe des Taxis sehe ich ein großes „Z", gestaltet durch erleuchtete Bürofenster in einem Hochhaus.

Als die Zeiten noch friedlich waren, war Luba Gribkova für die Stadt Jalta in Baden-Baden zu Besuch. Anfang der 2000er Jahre war das. Nun wird sie mich bei meiner Reise von Moskau nach Jalta begleiten. Bis heute hält sie Kontakte zu den deutschen Freunden. Im Ankunftsterminal am Wnukowo hatte sie sich gleich nach Uta und Gérard Ell erkundigt. Beide machen sich gerade unbeliebt, weil sie an den alten Freundschaften in Jalta festhalten. Im Taxi google ich die Geschichte der Städtepartnerschaft von Baden-Baden und Jalta. Der ehemalige Bundestagsabgeordnete und abrüstungspolitische Sprecher der FDP-Fraktion, Olaf Feldmann, hatte die Städtepartnerschaft Anfang der 90er Jahre eingefädelt. Sicher war es kein Schaden, dass zu jener Zeit sein Parteifreund Hans-Dietrich Genscher als Außenminister neben Helmut Kohl wichtigster Akteur der Wiedervereinigung auf deutscher Seite war. Zwanzig Jahre später, 2012, kam die Städtepartnerschaft mit Sotschi hinzu. Seit dem Einmarsch der Russen 2014 auf der Krim, hatte Baden-Baden plötzlich zwei russische Behörden als Ansprechpartner. Für die Russen war Jalta jetzt russisch. Für die Ukraine immer noch ukrainisch. Von offizieller Seite in Baden-Baden ruhen die Partnerschaften. Jeder Gemeinderat ist nun auch außenpolitisch im Bilde und hat die amtlichen Begriffe gelernt. Vom Angriffskrieg und von der völkerrechtlichen Lage. Nicht alle Städte haben ihre Partnerschaften abgebrochen. Berlin pflegt seine Partnerschaft zu Moskau offiziell weiter, irgendwie. Das Taxi kommt jetzt gegen zwei Uhr morgens am Hotel an, nicht weit vom Kreml entfernt. Es erwartet mich eine junge Mitarbeiterin am Empfang. Sie spricht kein Englisch. So entfällt eine Konversation, die ich überall, wo es möglich ist, suche. Ich bin der letzte Gast in dieser Nacht. Jetzt werde ich mit dem russischen Fernsehen ins Bett gehen und schauen was mich erwartet am Sonntag, dem 6. November, in Moskau. Verstehen kann ich nur die Bilder im russischen Fernsehen.

❖

10:05 Uhr Am Sonntagmorgen geht es gemächlich zu, auch in Moskau. Beim Blick aus dem Hotelfenster gibt es wenig, was darauf hindeutet, dass das Land Krieg führt. Oder sich zu einer militärischen Operation im Nachbarland, der Ukraine, aufhält. So die Version der russischen Regierung. Ich habe das erste Mal seit langer Zeit wieder ohne schlechtes Gewissen lange heiß geduscht. Energieprobleme gibt es hier in Moskau ja nicht. Eigentlich ist alles westlich, als wäre man in London, in Paris, in Berlin oder in New York City. Es ist alles stilistisch das gleiche. Man hat hier im Hotel den Service, den man überall hat. Einen Wasserkocher im schicken Hotelzimmer, eine große Auswahl an Teesorten und Kaffeetabs. Morgenmantel. Frottee-Schlappen. Das Hotel ist übrigens nicht weit entfernt vom russischen Außenministerium. Es heißt Arbat Hotel.

❖

12:52 Uhr Heute habe ich quasi einen freien Tag und darf mich fühlen wie ein Tourist. Luba ist die richtige Begleiterin für ein touristisches Tagesprogramm, sie kennt Moskau. So führt ein erster Weg zum Roten Platz. Unmittelbar davor das berühmte Kaufhaus GUM, wo die französischen Parfüm-Geschäfte durch ihr dürftiges Angebot auffallen. Durch die vornehme Halle des GUM schlenderten an diesem Sonntag dennoch viele Besucher. Bei Cartier, Fendi oder Gucci bleibt niemand stehen. Dort gibt es nichts zu sehen. Die Schaufenster und Vitrinen sind leer. Auch die Franzosen und Italiener haben sich den Sanktionen nicht verweigert, obwohl sie in Moskau ihre besten Kunden haben. Heute, am Sonntag, sind diese solventen Kunden sowieso nicht zu sehen. Am Wochenende ist es im großen Moskau wie im kleinen Baden-Baden. Viele Tagestouristen kommen in die Stadt, um zu staunen und zum Leidwesen der Händler lassen sie aber nicht viel Geld in den Einkaufsmalls. Draußen, wieder vor dem GUM angekommen, ist gleich links der Rote Platz zu sehen. Davor die Eingangsschleusen mit dem sorgfältigen

Sicherheitscheck. Vorgestern war der 4. November, der „Tag der Einheit des Volkes“, ein Nationalfeiertag in Russland. Während ich mich in einigen Selfies verewige, erfahre ich von Luba, dass der Bau des Kremls schon im 11. oder 12. Jahrhundert begonnen wurde und dass man die ganze Zeit daran weitergewerkelt hat bis in die Neuzeit hinein. Schon eine lange Zeit, gemessen an der Geburt von Deutschland in der Paulskirche vor nur gut 150 Jahren. Eine große Ausstellung zu einem Feiertag, den es jetzt neuerdings am 4. November gibt. Überall sind Zeugnisse der russischen Geschichte, vorwiegend der russischen Militärgeschichte, aufgebaut. Nicht verwunderlich, dass auf dem Roten Platz so auch einiges Kriegsgerät herumsteht und viele Informationstafeln, die über die patriotischen Kriege berichten. An diesem 4. November feiert Russland die Befreiung Moskaus von der polnischen Besatzung im Jahr 1612. Die Duma hatte beschlossen, den Feiertag einzuführen und den 7. Oktober, der an die Oktoberrevolution 1917 erinnerte, zu streichen. Obwohl die untergegangene alte Sowjetunion bei vielen Russen nostalgische Gefühle von Größe, Stärke und Ordnung weckt, will sie kaum einer zurück. So war der arbeitsfreie Freitag ein willkommener Feiertag und heute, am Sonntag, waren noch alle Exponate zur wechselhaften Geschichte des Landes auf dem Roten Platz aufgebaut. Was die vielen tausend Besucher mehr interessiert, die dargebotene Geschichte des großen Russlands oder die kleinen Annehmlichkeiten an den Verkaufsständen, ich weiß es nicht.

❖

Mit Luba finde ich immer wieder einmal Zeit an diesem langen Sonntag über die politischen Verhältnisse zu plaudern. Ein Plauderton ist dem Krieg nicht angemessen. Wenn aber die Positionen weit auseinanderliegen, ist dies eine geeignete Tonlage, um sich einander anzunähern. Luba studiert in Moskau und möchte eine Laufbahn im diplomatischen Dienst einschlagen. Als sie noch einen ukrainischen Pass hatte, studierte sie in Kiew. Vor meiner Reise nach Moskau habe ich mich über die Auf- und Abrüstung des Warschauer Paktes und der NATO kundig gemacht. Die Rhetorik in den sechziger bis in die achtziger Jahre unterscheidet sich wenig zu heute. Den Russen kann man nicht trauen, heißt es auf der Seite, auf der ich stehe. Europa sei nur ein Spielball der Amerikaner, heißt es auf der russischen Seite. Auch Luba sieht das so. Sie steht so fest auf der russischen Seite wie ich auf der transatlantischen Seite stehe. Zu lange habe ich vielleicht in einem amerikanischen Konzern gearbeitet. Ich habe die patriotische Begeisterung in New York City während des zweiten Golfkrieges miterlebt. Besonders in Erinnerung sind mir solche Einzelheiten wie die vielen Trucks, die mit wehenden Stars and Stripes über die Avenues in Manhattan fuhren. In Moskau sehe ich wenig öffentlich erkennbare Begeisterung für den Krieg in der Ukraine. Dafür Heldenplakate auf Hauswänden. Viele Kriegerdenkmäler sind sowieso überall in Moskau präsent. Der vaterländische Krieg und der Sieg über Deutschland sind schon immer ein Teil des Stadtbildes in der russischen Hauptstadt. Ein bald bevorstehender militärischer Sieg wird jetzt, am Ende des Jahres 2022, weder in Moskau noch in Kiew vorhergesagt. Und für baldige Verhandlungen fehlt das Maß an Vertrauen, das notwendig ist, um an die Ernsthaftigkeit der Verhandlungspartner zu glauben. Wenn beide Seiten sich für nicht vertrauenswürdig halten, ist dies keine erfolgversprechende Voraussetzung für Verhandlungen. Für mich ist Wladimir Putin der Kriegstreiber. Luba, die auf der Krim in Jalta aufwuchs, sieht ihn anders. Für sie hat Wladimir Putin die Krim von der ukrainischen Herrschaft befreit. Sie steht hinter ihrem Präsidenten. Wir beide sind uns dennoch einig, dass der Krieg so schnell wie möglich beendet werden muss. Ende der sechziger Jahre war es die Idee der Verantwortlichen des Warschauer Paktes, erstmal für Vertrauen zu sorgen. Die später berühmte KSZE wurde erfunden. Diese Konferenz über Sicherheit und Zusammenarbeit in Europa fand dann 1973 erstmals in Helsinki statt. Es war damals die Idee der kleinen Schritte, die man aufeinander zugeht. Erstmal wieder Vertrauen schaffen. Wie sollte es ansonsten gehen? Es bieten sich ja nur drei Möglichkeiten an. Eine Annäherung durch kleine Schritte. Eine Annährung durch große Schritte. Ober gar keine Annäherung. „Eine Politik der Geduld, der kleinen Schritte und des Abwartens", sei der Erfolg von Otto von Bismarck gewesen, heißt es in Geschichtsbüchern. Willy Brandt und Egon Bahr im gleichen Atemzug zu nennen mit dem so genannten eisernen Kanzler, ist der Sache wegen vielleicht erlaubt. Dem Kalten Krieg stellten Brandt und Bahr eine Politik des „Wandels durch Annäherung" entgegen. Menschliche, kulturelle und wirtschaftlichen Kontakte zu den Kommunisten ebneten den Weg. Der nur politischen Brücke fügte Willy Brandt drei weitere Brücken hinzu. So weit auseinander wie jetzt waren Russland und der Westen seit jener Zeit der sechziger und siebziger Jahre nicht mehr. Auch die Brücken von Kunst und Kultur sind nicht mehr intakt.

❖

Luba und ich haben immerhin eine gemeinsame Antwort. Ein kleiner Schritt der Annäherung sind die Kunstwerke von Elisabeth Frietsch-Eyer, meiner Mutter, die morgen in der Diplomatischen Akademie hier in Moskau zu sehen sein werden. Als digitale Version. Die Idee für die Ausstellungen hatte ich, Luba die Bereitschaft mitzumachen. Dort in der Diplomatischen Akademie soll ich morgen Studenten kennenlernen und eine Rede halten. Vor den angehenden Diplomaten. Hoffentlich führen sie das Land in die

Zukunft und nicht die Militärs. Was ich sagen werde morgen, weiß ich noch gar nicht. Ich werde auch kein Manuskript vorbereiten. Ich werde nicht einmal einige Keywords aufschreiben. Die Situation ist für mich so ungewöhnlich, dass ich mich vorher nicht festlegen möchte. Ich werde mich von den Eindrücken und der Stimmung leiten lassen. Ein Keyword fällt mir dann doch auf bei einigen Recherchen. „Diplomatie ist die Fähigkeit seine Ziele zu erreichen, ohne jemanden zu verärgern". Eine handfeste Regel. Und es ist zu hoffen, dass die Diplomaten das letzte Wort haben und nicht die Waffen.

❖

17:31 Uhr In Moskau ist es stockdunkel geworden. Shopping ist jetzt am Sonntagabend noch angesagt. Ich werde Socken kaufen. Heute hat es einige Grad unter null. In Deutschland trage ich keine Socken. Ein Prinzip werde ich also schon mal aufgeben. Ohne Socken in die Schuhe zu steigen, ist keine gute Idee im Winter in Moskau. Luba hat nur den Kopf geschüttelt. Sie hat mir dann drei Paar Socken ausgesucht. Aus Hundewolle. Sowas gibt es auch. Für 300 Rubel pro Paar, umgerechnet fünf, sechs Euro.

❖

Das Kür-Programm in Moskau mit Besichtigungen und Souvenireinkäufen ist fast erledigt. Wir schlendern noch durch eine Einkaufsstraße. Nichts deutet auf eine Mangelwirtschaft hin. Nur die begehrten Markenartikel fehlen in manchen Regalen. Aber die Russen behelfen sich auch da so recht und schlecht und kreieren eigene Brands. Man weiß noch nicht so ganz genau, ob Blockaden und Boykott vielleicht dazu führen, dass die Russen es sich nicht mehr so bequem machen und sich nach westlichen Marken umschauen, sondern selber einiges zu Wege bringen.

Vielleicht ist das eine Motivation für die russische Wirtschaft, wie beispielsweise die russische Cola, die es jetzt gibt. In roten Dosen wie die amerikanische Brause. Schmeckt gar nicht so viel anders als Coca-Cola. Also es geht auch vieles ohne amerikanische Brands. Ohne Coca-Cola geht die Welt nicht unter. Aber überall ist erkennbar, dass die Leidenschaft für westliche Marken immens ist und die Abhängigkeit groß. Ohne iPhone und westliche IT geht nicht viel in Russland.

Alles, was ein Tourist in Moskau auf seinem Zettel stehen hat, habe ich an diesem, für Moskauer Verhältnisse milden Sonntag gesehen. Den Roten Platz, die Basilius-Kathedrale, das Lenin-Mausoleum und das Kaufhaus GUM. Mit Luba schlendere ich in Richtung der Souvenirläden nicht weit vom Roten Platz. Dort treffen wir auf ein erstaunliches Trio. Einträchtig stehen Angela Merkel, Wladimir Putin und Josef Stalin als Matrjoschkas zusammen in den Vitrinen der Souvenirläden. Erweitern kann man das Trio auf ein Quartett mit Donald Trump oder mit Wladimir Iljitsch Lenin auf ein Quintett. Der Verkäufer erzählt uns, dass alle fünf sich gut verkaufen würden. Seit keine Touristen mehr aus dem Westen kommen, hätte sich das nicht geändert. Luba verhandelt noch ein bisschen. Ich kaufe eine Matrjoschka, aber nicht als Ausgabe von Angela Merkel oder Wladimir Putin, sondern als rotbäckige gemütliche Bäuerin. Von der Politikerprominenz in der Vitrine mache ich nur einige Fotos. Für die bestimmt staunenden Landsleute in Deutschland.

Es hat nun zum Abend hin einige Minusgrade. Mit den neuen Socken aus Hundewolle ist es auszuhalten. Im Hotel angekommen stellte ich aber fest, dass mich dennoch eine Moskauer Erkältung erwischt hat. Verdienterweise. Ohne Socken nach Moskau, das muss bestraft werden.

MONTAG, 7. NOVEMBER

Lwiw, das ehemalige Lemberg, bereite sich auf noch mehr Flüchtlinge aus anderen Teilen der Ukraine vor, kündigt Maksym Kozytskyi, der dortige Gouverneur an. Ein Berater des ukrainischen Präsidenten wirft den russischen Soldaten via Twitter vor, in Cherson zu plündern. Schwere Raketenbeschüsse würden die Arbeit von Hilfsorganisationen in Saporischschja erschweren, melden kirchliche Organisationen.

Kantine in der Diplomatische Akademie im Außenministerium, Moskau

Montag, 7. November 2022 um 12:52

IMG_9954

Montag, 7. November 2022 um 14:30

IMG_0331

08:34 Uhr Auf der Agenda steht heute Morgen der Termin bei der Diplomatischen Akademie, die zum Außenministerium gehört. Dort werden junge Diplomaten ausgebildet. Eine Rede kann ich dort halten und mit den Studenten sprechen. Und es wird die Ausstellung von Elisabeth in digitaler Form zu sehen sein. Die Nachwuchsdiplomaten werden mit oder ohne Wladimir Putin die nächsten Jahre und Jahrzehnte gestalten. In den Sinn kommt mir, dass diese zukünftige Elite nun auch Elisabeth und ihre Stadt Baden-Baden nach der Präsentation der Kunstwerke vielleicht in bleibender Erinnerung behalten wird. Meine Erkältung macht mir nicht viel zu schaffen. Heute Nacht habe ich geschwitzt. Ich bin noch im Hotelzimmer und öffne kurz das Fenster. Eiskalt ist es draußen, zumindest nach dem warmen Oktober und den ersten milden Novembertagen in Deutschland kommt es mir so vor. Nun werden mich aber die neuen Socken aus Hundewolle vor Väterchen Frost retten. In meinem Hotel, Arbat House, gar nicht so weit entfernt vom Außenministerium, gehe ich frühstücken. Ich weiß nicht, was Brot heißt auf Russisch und gerade ist niemand zu finden, der Englisch spricht. Warum auch, wo ich doch, soweit ich das beurteilen kann, der einzige Ausländer bin im Hotel. Es ist mir zu umständlich mit einer Übersetzungs-App herumzuhantieren. Die Frühstückseier esse ich also ohne Brot. Nach dem Termin um 10 Uhr in der Diplomatischen Akademie geht es dann um 14.30 Uhr mit dem Zug in Richtung Krim. Abfahrt am Kasaner Bahnhof. Das ist die Agenda für heute.

❖

09:30 Uhr „Die Diplomatische Akademie des Außenministeriums der Russischen Föderation ist die älteste diplomatische Akademie der Welt, die Fachkräfte auf den Gebieten internationale Beziehungen, internationale

Wirtschaftsbeziehungen und internationales Recht ausbildet", ist über die Nachwuchsschmiede des russischen Außenministeriums zu lesen. Dort werde ich heute Morgen eine Rede halten. Luba scheint mir völlig zu vertrauen. Es gibt kein Briefing in irgendeine Richtung. Vom Arbat House Hotel sind es nur einige Autominuten zur Diplomatischen Akademie. Der Eingang ist durch einen Uniformierten bewacht. Wie überall fuchtele ich mit einem meiner beiden iPhones herum. Das erste Mal, ich glaube es war auch das einzige Mal während meiner Reise, wurde mir bedeutet das iPhone wegzustecken. Über den Ambassador Entrance führt mich Luba in das vornehme Gebäude der Diplomatische Akademie. Vor Sitzungsbeginn kann ich mich mit einigen Studenten und auch einer Dozentin unterhalten. Natalie heißt sie. Sie entspricht überhaupt nicht dem Klischee eines linientreuen, eingeschüchterten Mitglieds der Elite. Selbstbewusst und mit offenem Auftreten beklagt sie ohne Zögern die Auswirkungen der Sanktionen. Von ihr erfahre ich etwas zur Stimmungslage in der Diplomatischen Akademie. Die Studenten und Dozenten sind frustriert, sie sind von den Reisebeschränkungen hart getroffen. Seit zehn Monaten sind die für die Ausbildung der angehenden Diplomaten wichtigen Auslandsbesuche in den westlichen Ländern nicht mehr möglich. Keine Besuche in Berlin oder Wien. Auch nicht in Brüssel oder Paris. Für die junge Elite des Landes, die sich auf die deutsche oder französische Sprache einrichtet, eine ungünstige Ausgangslage für ihre spätere Berufung, wenn sie stattdessen eine Praxiszeit in Südamerika oder Afrika verbringen.

❖

Um **10.30 Uhr** begebe ich mich in den Sitzungssaal der Diplomatischen Akademie. So etwa 70 Nachwuchsdiplomaten erwarten mich. Was sie denken, sehe ich auf ihren Gesichtern. An der Universität Hohenheim habe ich als Dozent einige Semester die Studenten auf ein späteres Journalistenleben vorbereiten dürfen. Alle Typologien sind auch hier vertreten. Die Interessierten und die weniger Interessierten. Die Kritischen und die Angepassten. Auf dem Podium nehmen zwei Vize-Rektoren der Akademie Platz. Mikhail G. Troyansky und Andrey A. Danelyan. Wir begrüßen uns und tauschen Visitenkarten aus. „Ministry of Foreign Affairs of the Russian Federation Diplomatic Academy", steht als Arbeitgeber auf den Kärtchen meiner Podiumsnachbarn. Begrüßt werde ich von Mikhail Y. Solomentsev. Auf seiner Karte wird er als „Deputy Permanent Representive of the Republic of Crimea to the President of the Russian Federation" vorgestellt. Eine Weile konnte ich mich mit ihm unterhalten, er hatte vor der Annexion der Krim Aufgaben und Funktionen in Strasbourg und Brüssel und spricht gut Französisch. Die Studenten sprechen alle mindestens eine Fremdsprache. Studenten der deutschen oder französischen Fraktionen stellen den größten Teil der Zuhörer. Für die Vorbereitung einer Rede hatte ich keine Inspiration. So beginne ich meine spontane Rede mit dem Hinweis, dass ich mich bei meinen Worten von meinen Eindrücken seit meiner Ankunft in Moskau leiten lassen wolle. Ich greife die beiden elementaren globalen Themen – die Klimakrise und die Sorge vor einem Nuklearkrieg – auf. Und spreche über die Verantwortung, die den Diplomaten zukommt, und die Hoffnungen, die alle friedliebenden Menschen in deren Wirken setzen. Vielleicht eine stereotype Einleitung. Ich spreche auch über die Situation meiner Familie. Mein Großvater, in Strasbourg geboren. Über die Brüder meiner deutschen Großmutter, einem Amerikaner und einem Franzosen. Und ich erzähle über Zerwürfnisse durch den Zweiten Weltkrieg, als quer durch die Familie die Front verlief. So wie dies nun auch bei vielen russischen und ukrainischen Familien der Fall ist. Die

Motive meiner Mutter, die ihr ganzes Leben der Kunst verschrieb, handeln von einer friedlichen Welt. Deutsche, Franzosen, Russen und Amerikaner können seit Jahrhunderten in Baden-Baden zusammenleben wie auf einem anderen, friedlichen Planeten. Ohne Krieg und Elend. Davon handeln ihre Bilder. Illusion oder nicht. Die Bilder sind keine Illusion. Im Sitzungssaal der Akademie des Amtes für Auswärtige Angelegenheiten sind die farbenprächtigen Motive auf Bildschirmen zu sehen. Eines davon ist „Unser Blauer Planet". Über dieses Werk und die Gedanken meiner Mutter am Ende ihres Lebens spricht meine Tochter Alisa in einem Video zu den gleichaltrigen Studenten in Moskau.

❖

12.55 Uhr Ich esse nur eine Suppe. Mit einigen Studenten plaudere ich. Gerne würde ich versuchen, noch etwas mehr Vertrauen zu gewinnen. Dafür ist aber die Zeit zu kurz. In der Kantine ist die Weltläufigkeit dieses Amtes und seiner Akademie zu spüren. An der Wand hinter der Essensausgabe sind ganz unideologisch die Uhren der Zeitzonen platziert. Moscow, London, New York als eine Gruppe, daneben die zweite Gruppe mit Tokyo, Bejing und Dubai.

❖

14:25 Uhr Eine imposante rote Lokomotive soll unseren Nachtzug nach Simferopol ziehen. Am Kasaner Bahnhof, auch als Kazanskiy STATION BEKANNT, hat sich eine große Zahl von Reisenden auf dem Bahnsteig versammelt. Seit dem Ukraine-Krieg ist der Luftraum weiträumig um die Ukraine gesperrt. So bleibt außer einer anstrengenden Autofahrt nur der Nachtzug, der eigentlich Tag- und Nachtzug heißen müsste. Vom Bahnhof Kasan nach

Simferopol ist er länger als nur eine Nacht unterwegs. Für manche Reisenden, die nur bis nach Rostow am Don fahren, ist die Fahrt nicht ganz so lang. Auch für Luba, die mich begleitet, ist es die erste Reise mit dem Tag- und Nachtzug von Moskau auf die Krim. Bisher war sie nur mit dem Flieger auf dieser Strecke unterwegs und einmal mit dem Auto. Wir erfahren durch die Lautsprecherdurchsagen, dass die Reise nach Simferopol 29 und eine halbe Stunde dauern soll. Irgendjemand hat von über dreißig Stunden gesprochen. Auf eine Stunde mehr oder weniger kommt es nicht an bei dieser langen Reise.

Ich denke nochmal über meine Begegnungen in der Diplomatischen Akademie nach. Ich weiß nicht, ob meine Rede die Erwartungen der Studenten erfüllte. Ich habe versucht eine kritische Rede zu halten, auch mit dem Hinweis darauf, dass der Wille zum Frieden in dieser Zeit das Wichtigste ist, was ja die Botschaft meiner Mutter war mit ihren Bildern, und dass wir unsere Gattung auf zwei verschiedene Möglichkeiten umbringen könnten. Erstens, wenn wir das Klima und damit unseren Planeten ruinieren und die zweite Möglichkeit, dass ein Nuklearkrieg der Menschheit ein Ende setzt. Auf diese beiden für die Menschheitsgeschichte relativ neuen Unbekannten müssen sich die Diplomaten der ganzen Welt konzentrieren. Ich weiß nicht, ob jemand die ganze Rede mitgeschnitten hat, so dass ich sie nach meiner Rückkehr anhören kann. Jetzt geht es Richtung Simferopol, der Hauptstadt der Krim. Die Halbinsel liegt zwischen dem nördlichen Schwarzen Meer und dem Asowschen Meer. Sie hat eine Fläche von 26.844 Quadratkilometern, damit nach der Fläche etwas größer als Hessen. 2,4 Millionen Einwohner wohnen auf der Halbinsel. Pünktlich um 14:50 Uhr ruckelt der „Grand Service Express“ zum Kasener Bahnhof hinaus.

❖

15:29 Uhr Wir haben eben gerade erfahren, dass die berühmte Krim-Brücke gesperrt und nur für Züge durchlässig sei. Nach der Explosion vor einigen Wochen sind noch viele Bauarbeiten notwendig. Zum Glück sei die 17 Kilometer lange Brücke nur für den Autoverkehr gesperrt. Vor der Brücke gebe es aber für den Zug eine Stunde Wartezeit in Taman. Der kleine Ort wurde in Russland und auch bei uns im Westen berühmt, als die Bilder von der Eröffnung der Brücke mit Wladimir Putin 2018 um die Welt gingen. Dem Bau der Autobahnbrücke folgte dann die Eisbahnbrücke, die durch eine Explosion gerade vor vier Wochen schwer beschädigt wurde. Für die Russen ein terroristischer Anschlag. Auf dem Gang neben den Abteilen plaudere ich mit einem Paar, ein Mann und eine Frau, schätzungsweise beide zwischen 40 und 50 Jahre alt. Beide in Jogginganzügen. Sie schauen mit einem Becher Tee in der Hand aus dem Fenster in die vorbeiziehende Landschaft. Wir unterhalten uns in Englisch. Sie wundern sich, dass ein Deutscher auf die Krim reist. „The Russians are not evil", sagt sie lachend. „The Germans were sometimes in history evil ", entgegne ich. Beide wohnen in Sewastopol, fahren also auch bis zur Endstation Simferopol. Ich versuche ein politisches Gespräch in Gang zu bringen. Ich stelle meine profane Frage, die ich an alle stellen will, denen ich begegne, um selbst einen Eindruck zu gewinnen zur Stimmung in Russland. „What do you think about Mr. Putin?" Wieder höre ich „He is our president". Aber damit endet das Gespräch nicht. Beide stehen zu Präsident Putin, er sei der Einzige, der Russland zusammenhalten könne. Er solle aber den Krieg beenden. Die Ukrainer hätten die Krim ja schon aufgegeben. Von einer „militärischen Sonderoperation" sprechen die beiden nicht. Und es sei ja schon immer klar gewesen, dass ihr Präsident die Krim wieder zurückholt, die gehöre schließlich geschichtlich zu Russland. Ich verkneife mir den Hinweis auf die völkerrechtliche Lage, wie wir es im Westen sehen. Bei Taman sei Wladimir Putin schon Jahre vor der „Wiedervereinigung“ mit der Krim als Taucher im Asowschen Meer unterwegs gewesen. In allen Fernsehkanälen sei dann zu sehen gewesen, dass der damalige Ministerpräsident tatsächlich zwei griechische Vasen auf dem Meeresgrund gefunden hätte. Beide lachen bei der Erzählung und machen nicht den Eindruck, dass sie es nicht riskieren könnten sich über ihren Präsidenten lustig zu machen. Jeder hätte ja gewusst, dass die Geschichte mit den Vasen eine PR-Aktion gewesen sei, auch der Präsident habe das gewusst und das nicht ernst gemeinte Spiel mitgespielt. Nur der Westen hätte den Russen nicht zugetraut, dass es in Russland auch Showbusiness geben könne.

❖

17:11 Uhr Ich habe bisher noch nicht herausfinden können, wie viele Haltestellen und Bahnhöfe es zwischen Moskau und Simferopol geben wird. In unserem Abteil Nummer 6 haben wir kurzzeitig Internetverbindung. Wir befinden uns in Rybnoye, einer kleinen Stadt mit 18.000 Einwohnern in der Oblast Rjasan, etwa 180 Kilometer südlich von Moskau. Von der Krim sind wir noch über 1.000 Kilometer entfernt. Solange das Internet funktioniert, versuche ich eine kurze Geschichtsrecherche in Sachen Krim. Ich finde eine Zusammenfassung der Geschichte der letzten gut 200 Jahre bis 2010 auf einer Seite der Landeszentrale für politische Bildung Baden-Württemberg. Ab 2014 kennt die Entwicklung ja jeder.

❖

Eine kurze Exkursion in die Geschichte der Krim

1774 wurde die Krim vom Osmanischen Reich unabhängig und gelangte zunehmend unter den Einfluss der russischen Zaren. Nach der russischen Annexion der Krim erklärte Katharina II. die Krim 1783 „von nun an und für alle Zeiten" als russisch. Große Teile der fruchtbaren Gebiete der Krim wurden 1783 an russische Adlige verteilt. Unter der tatarischen Bevölkerung kam es zu einer Massenflucht.

In der ersten Hälfte des 19. Jahrhunderts wurde Sewastopol zum Hauptstützpunkt der russischen Schwarzmeerflotte ausgebaut. 1921 wurde die Krim zur autonomen sozialistischen Sowjetrepublik ausgerufen, 1945 dann unter Stalin zur Oblast der Russischen Sowjetrepublik. Zum 300. Jahrestag der Vereinigung von Russen und Ukrainern 1954 macht der aus Russland stammende Kremlchef Nikita Chruschtschow die mehrheitlich von Russen bewohnte Krim zu einem Teil der Ukrainischen Sowjetrepublik. Nach der Auflösung der Sowjetunion wurde die Krim Teil des nun unabhängigen ukrainischen Staates. Bei einem Referendum über die Unabhängigkeit der Ukraine stimmten 54 Prozent der Wähler auf der Krim mit „Ja". Ein Referendum über die Unabhängigkeit der Krim wurde dennoch angestrebt, jedoch mit erheblichem politischem Druck aus Kiew verhindert. Als Kompromiss wurde der Krim 1992 der Status einer Autonomen Republik innerhalb der Ukraine zugestanden. Die Krim erhielt Hoheitsrechte in Finanzen, Verwaltung und Recht.

Ein Streitpunkt zwischen Russland und der Ukraine war seit dem Zusammenbruch der Sowjetunion insbesondere Sewastopol, der Heimathafen der russischen Schwarzmeerflotte. Das russische Parlament erklärte Sewastopol 1993 zur russischen Stadt auf fremdem Territorium (nach dem Vorbild Gibraltars). Erst der Vertrag von 1997 regelte auf 20 Jahre die Aufteilung der Flotte und den Verbleib der russischen Marine auf der Krim. Damit wurde die Situation entspannt. 2010 wurde diese Vereinbarung bis 2042 verlängert. Als Gegenleistung erhielt die Ukraine einen Preisrabatt auf russische Gaslieferungen.

❖

18:00 Uhr Wir sind jetzt drei Stunden gefahren in Richtung Krim von Moskau aus. In unserem kleinen Schlafabteil haben sich zusammengefunden Luba, die mich von Moskau nach Jalta begleitet. Dann gibt es noch Nina und einen Sergej, mit dem es gerade eine kleine Diskussion gibt, weil er erzählt hat, dass er grundsätzlich nicht zu Wahlen geht. „Ich habe noch nie Putin gewählt, ich weiß was besser sein könnte und besser sein sollte. Aus diesem Grund gehe ich nicht wählen“, sagt er. Er sei 34 Jahre alt und seine Generation denke genauso. Er habe eine eigene Wohnung und zwei Autos, erzählt er. Seine Generation gehe auch nicht zu Demos. „Wir verdienen genug Geld und können ins Ausland fahren“. Mit 34 Jahren hätten seine Eltern noch nicht einmal eine eigene Wohnung gehabt. „Warum sollen wir irgendwo hingehen, uns mit einem Plakat hinstellen und eine Kundgebung abhalten?“ Alle in seinem Alter hätten einen Job und ein Auto. Luba versucht den wirtschaftlichen Wohlstand der jüngeren Generation den verantwortlichen Politikern zuzuschreiben. „Ihre Wohnung und Ihre Autos sind doch nicht vom Himmel gefallen“.

Die Politikverdrossenheit ist wohl so ähnlich verbreitet wie in Deutschland, denke ich mir. Luba, die auch mal als Gemeinderätin gearbeitet hat, versucht zu argumentieren, dass man unbedingt wählen sollte. Doch viele Menschen gehen lieber ihrem Freizeitspaß nach, als an der Wahl teilzunehmen, ist aus den Ausführungen von Sergej zu schließen. So kommt mir gleich in den Sinn, dass viele in Deutschland die Privilegien der Demokratie wenig interessieren und nur wenige viel investieren in die Sache des Allgemeinwesens. In Russland warten viele Menschen auf eine ernst zu nehmende Demokratie und gehen bis dahin nicht zur Wahl. In Deutschland ist die Freiheit groß, ein Teil ist dennoch frustriert, ein anderer Teil uninteressiert. So entsteht die größte Partei, die der Nichtwähler. Ich denke dabei an die Zahlen der

Wahlbeteiligungen in Deutschland, wo es nur bei den Bundestagswahlen halbwegs gut aussieht. Beim entscheidenden Wahlgang bei der Oberbürgermeisterwahl in Baden-Baden zum Beispiel gingen im Sommer 2022 nur 38 Prozent der Wahlberechtigten zur Wahl. 62 Prozent gehen jede Woche vielleicht zweimal zu ALDI einkaufen. Alle acht Jahre eine Oberbürgermeisterin oder einen Oberbürgermeister zu wählen, ist zu viel.

❖

20:30 Uhr Wir fahren jetzt schon seit sechs Stunden mit dem Nachtzug von Moskau Richtung Simferopol. Dort enden die Gleise in Richtung Süden und wir werden umsteigen in ein Auto und nach Jalta weiterfahren. Sergej hat nach der Diskussion das Coupé verlassen und sich ins Restaurant begeben. Mein Abendessen wird auf dem kleinen Klapptisch neben dem Zugfenster angerichtet. Luba hat es zubereitet. Der reich gedeckt kleine Tisch würde vielleicht für die noch längere Fahrt mit der Transsibirischen Eisenbahn ausreichen. Es gibt Tomaten, Gurken, Brot, Zitronentee und als Vorspeise gab es gekochte Eier mit Kaviar. Ohne Verdauungsspaziergang werden wir uns hinlegen mit dem üppigen russischen Mal im Bauch. Im Abteil, das hier Coupé heißt, ist das gedimmte Schlaflicht eingeschaltet.

DIENSTAG, 8. NOVEMBER

Satellitenbilder würden zeigen, dass ein Friedhof bei Mariupol schnell größer würde, seit Russland die Stadt besetzt hat, berichtet die Nachrichtenagentur AP. Das ukrainische Militär hat nach eigenen Angaben ein russisches Munitions-Depot in Cherson beschossen. Das russische Militär habe mehrere Orte beschossen unter anderen Lyman, erklärt der ukrainische Generalstab.

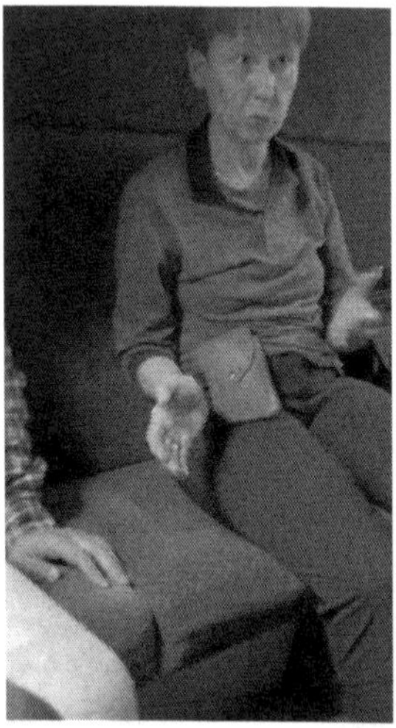

02:23 Uhr Ziemlich genau 12 Stunden und vielleicht 600 Kilometer haben wir hinter uns in Richtung Krim. Ich bin jetzt mal kurz auf der Toilette und putze die Zähne. Das kleine Fenster ist offen. Hier ist das Klo und das kleine Waschbecken für schätzungsweise 16 Passagiere zuständig, vier Coupés. Dennoch ist es sauber. Es gibt auch nachts einen Reinigungsplan. Eine Ladung kaltes Wasser werfe ich mir ins Gesicht. Mehr geht nicht. Aber das reicht ja, um sich zivilisiert zu fühlen. Eine gute Nachricht begleitet mich auf die Toilette. Russen schnarchen nicht. Eine belegbare Erkenntnis, wenn man die aktuelle Stichprobe von Luba, Nina und Sergej zu Grunde legt. Auf meinem Weg zur Toilette komme ich auch noch an fünf oder sechs Kabinen vorbei. Auch dort wird nirgendwo geschnarcht. Also ein ziemlich repräsentatives Ergebnis. Auf der Rückfahrt in einer Woche wird es andere Erfahrungen geben. In unserem Coupé, der Nummer 6, ist alles ruhig. Über mir liegt Luba, rechts von mir liegt Nina und ein Stückchen neben der Schiebetür ist die Koje von Sergej, der sich nach seinem Restaurantbesuch auch schlafen legt. Leise lege auch ich mich wieder hin. Ab und zu schreit ein Baby, vielleicht fünf oder sechs Kabinen entfernt. Der Zug rumpelt und poltert, ansonsten es ist alles ruhig. Ich wälze mich ein bisschen hin und her auf meiner Pritsche, in einen tiefen Schlaf falle ich nicht.

❖

07:52 Uhr Wir nähern uns der Krim in kleinen Schritten. Über 800 Kilometer südlich von Moskau sind wir jetzt. Sergej ist schon ausgestiegen, gerade vor einer Stunde. Ich vergaß ihn nach dem Namen seines Heimatortes zu fragen. Ich habe im Halbschlaf mitbekommen, wie er gegen 06:30 Uhr zur Tür gegangen ist. Verabschieden konnten wir uns nicht. Jetzt sind wir nur noch zu dritt. Also Nina, Luba, beide in der oberen Etage des Coupé, und ich unten. Der

Zug steht jetzt auf freier Strecke. Es wird bestimmt bald weitergehen. Das ist die längste Nacht, die ich in meinem Leben im Bett zubrachte. Krankheiten ausgenommen. Seit gestern um 18.00 Uhr bin ich im Bett und heute um 07:53 Uhr liege ich immer noch auf meiner schmalen, aber erträglichen Pritsche.

❖

09:38 Uhr Ich habe noch eine andere Toilette entdeckt, am anderen Ende des Wagens. Dort steht niemand an. Insgesamt war es eine friedliche Fahrt, in Anbetracht des Krieges. Bisher ist nichts Bedrohliches passiert. Im Coupé sind Nina und Luba noch im Schlafmodus. Ich schaue einige Minuten zum Fenster hinaus und die vielzitierten „endlosen Weiten“ von Russland ziehen vorbei. Ich frage ich mich wie es dazu gekommen ist, dass Russland so riesig ist mit seinem Territorium. Vielleicht hat es damit zu tun, dass bei den Eroberungszügen im 19. Jahrhundert und den Zeiten davor Russland nie Widerstand hatte aus dem Osten und da viel Land erobern konnte. Dort waren keine starken Nationen, anders im Süden und Südosten die Osmanen und die Chinesen. In den Weiten des Ostens stellt sich kein Volk in den Weg, das man fürchten müsste. Vielleicht hat Vladimir Putin das so in seiner DNA wie es wohl schon für die Zaren galt, gepaart mit einem Ego, dem sich niemand in den Weg stellt. Die Größe, die rein räumliche Größe, die Fläche, zu vergrößern, das ist wohl zur Tradition geworden und zu einem Geschäftsmodell. Ein riesengroßes Land, 17 Millionen Quadratkilometer. 50-mal könnte man das 357.000 Quadratkilometer kleine Deutschland auf der Fläche von Russland unterbringen. Im riesigen Russland gibt es immer Bodenschätze, die man verkaufen kann. Man muss sich nicht so sehr anstrengen im wirtschaftlichen globalen Wettbewerb um die beste Technologie und die besten Waren. Man verkauft Gas, Öl und sonstige

Bodenschätze. Nach Deutschland nun nicht mehr. Sein Krieg hat Putin seinen wichtigsten Kunden gekostet. Unsere Reise geht aber weiter im großen Russland. Es hört einfach nicht auf und wir fahren immer weiter.

❖

Es ist **12:35 Uhr** Unser Nachtzug ist in Rostow am Don angekommen. Das Tor zum Kaukasus. Eine gute Autostunde von der ukrainischen Grenze entfernt. Gleich nach Beginn der sogenannten „militärischen Spezialoperation" wurde auch hier der Flughafen geschlossen. Jetzt bleibt für längere Reisen nur das Auto oder die Eisenbahn. Sotschi, wie Jalta auch Partnerstadt von Baden-Baden, ist nicht mehr weit. Doch dort kommen wir nicht vorbei. Wir biegen vorher ab. Wir fahren jetzt seit 22 Stunden und sind noch sieben Stunden, acht Stunden unterwegs auf dem Weg nach Simferopol. Jetzt werden wir bald die Brücke erreichen, auf der es vor vier Wochen zu einer Explosion kam. Immer noch unklar ist, wer die Verursacher der Explosion waren. Jedenfalls wurde die Brücke zum Teil zerstört. Heute ist die Brücke gesperrt für alle Fahrzeuge außer der Eisenbahn. Eine Stunde Aufenthalt in Taman soll es geben.

Wir haben lange und reichlich gefrühstückt. Nina schläft schon wieder und Luba bereitet das Programm für Jalta vor. Für die Ausstellung, die am Freitag auf der Ufer-Promenade eröffnet werden soll. Die Oberbürgermeisterin von Jalta, Janina Pavlenko, hatte mir schon im Oktober ein Einladungsschreiben gesendet, mit dem ich ein humanitäres Visum im Generalkonsulat in Frankfurt erhielt. Für die Ukraine ist sie nicht die legitime Vertreterin der Stadt, aber irgendjemand muss den administrativen Alltag regeln für die 80.000 Einwohner.

❖

14:00 Uhr Wir fahren durch die Region Krasnodar, zu der auch Sotschi gehört. An den Fenstern des Zuges ziehen endlos lange Reihen von Reben vorbei. Der Wein wird nicht an Bergen und deren Hängen angepflanzt, wie wir das aus dem Badischen gewohnt sind, sondern auf ebenem Land. Auf der anderen Seite, der linken Zugseite in Fahrtrichtung, sieht man große Weiden, auf denen Rinder grasen und, wie es aussieht, kein schlechtes Leben haben.

❖

14:16 Uhr Der Zug rollt in den kleinen Bahnhof von Taman, der Stadt auf der gleichnamigen, kleinen Halbinsel. Wladimir Putin eröffnete die Brücke mit großem Aufsehen und lenkte wie ein Volksheld selbst den ersten Lastwagen, der das neue Bauwerk überquerte. 2018 wurde die Brücke für den Autoverkehr eröffnet und 2019 für den Eisenbahnverkehr. Wir stehen jetzt hier auf dem Bahnsteig und warten auf das Signal, dass wir weiterfahren dürfen. Einen großen Empfang wie für den Präsidenten gibt es für uns nicht. Für die Raucher unter den Fahrgästen ist der leere Bahnsteig dennoch eine willkommene Abwechslung. Wir hoffen, dass wir wie angekündigt um 14:42 Uhr weiterfahren können in Richtung Simferopol, der Hauptstadt der Halbinsel Krim, die ja völkerrechtlich immer noch zur Ukraine gehört. Aus Sicht der Russen sieht das bekanntlich anders aus.

Die Behörden sind seit der Explosion vor vier Wochen vorsichtig. Draußen auf dem Bahngleis beobachte ich wie Sicherheitsbeamte mit Spiegeln unter dem Zug suchen, ob da irgendwelche Gegenstände zu finden sind, vielleicht eine Bombe oder anderer Sprengstoff. Die Sonne scheint. Es ist bestes Wetter nach dem nebligen und kalten Moskau. Südliches, mediterranes Klima. Ich bin gespannt, wie Jalta sein wird. Jetzt fahren wir los. Wenn man sich in den Gängen umschaut, sieht man nur Russinnen und Russen,

Reisende anderer Nationalitäten gibt es nicht. Außer mir. Viele sind ausführlich mit Essen beschäftigt, wie die ganze Reise schon. Wichtige Abwechslungen einer so langen Bahnreise sind Wurst, Fleisch, Obst und Gemüse. Die Konsumgewohnheiten unterscheiden sich nicht von jenen im so genannten Westen. 67 Prozent der deutschen Männer sind übergewichtig, kommt mir eine Statistik der Weltgesundheitsorganisation in den Sinn, während ich auch hier viele Übergewichtige sehe. Die russischen Männer ernähren sich nicht viel gesundheitsbewusster als ihre deutschen Geschlechtsgenossen, habe ich den Eindruck bei meinen Beobachtungen im Nachtzug.

❖

15:55 Uhr Die rote Lokomotive zieht den langen Zug nun auf die Krim-Brücke. Wir befinden uns im Temryuksky District, lese ich auf dem Navi, mit dem ich die Gegend erkunde. Alles ist amerikanisch im digitalen Zeitalter. Auch dic Ortsangabe dieses Districts, mehr als 1.000 Kilometer südlich von Moskau, erhalte ich durch die Amerikaner. Vielleicht geht es ohne Coca-Cola und Nike. Aber ohne Google, Microsoft, Instagram und WhatsApp geht es nicht. Der Nutzen für das soziale Zusammenleben und die Geschäfte sind so groß, dass kein modernes Land darauf verzichten kann. Auch nicht Russland. Via Instagram hatte ich von der Resonanz meines Besuches in der Diplomatischen Akademie erfahren. Auf diesem schnellen Weg hatte sich aus Moskau mit Studenten der Akademie ein Kontakt zu meiner Tochter angebahnt, die in Heidelberg studiert und in einem Video in der Akademie zu sehen war. Russisch-deutsche Kommunikation mit amerikanischen Technologien. Zum Glück greifen die Sanktionen nicht in den letzten Winkel.

Die Krim-Brücke verbindet das russische Festland mit der Halbinsel und führt von der kleinen Halbinsel Taman, die zur Region Krasnodar gehört, über die Meerenge von Kertsch, dort, wo sich das Schwarze Meer vom Asowschen Meer scheidet. 19 Kilometer ist das Bauwerk lang, die längste Brücke Europas heißt es, die einzige Landverbindung von Russland aus nach Simferopol und Jalta.

Heute genau vor einem Monat, am 8. Oktober, flog ein Teil der Brücke in die Luft, erinnert einer der Passagiere, den ich auf dem Flur des Wagens kennenlerne, während wir beide aus dem Fenster schauen, um die sensible Gegend zu betrachten. Der russische Geheimdienst hatte schnell eine Erklärung für die verheerende Explosion parat. Ein Lastwagen mit georgischem Nummernschild habe am 4. Oktober mit dem unter Paletten versteckten Sprengstoff die russische Grenze passiert. Zwei Tage später, am 6. Oktober, sei der Lastwagen in der Region Krasnodar gewesen. Auf der Krim-Brücke sei der Lastwagen dann am 8. Oktober schließlich in die Luft gesprengt und sieben Treibstofftanks eines Zuges in Brand gesetzt worden. Jetzt sehen wir durch das Fenster den Abschnitt der Brücke, wo die Schäden durch die Explosion noch gut erkennbar sind. Ich drehe ein Video.

❖

20:38 Uhr Wir sind planmäßig in Simferopol, der Hauptstadt der Republik Krim, angekommen. Nach knapp 30 Stunden. Ein schöner Bahnhof in klassischem Ambiente erwartet uns. Alles erkennbar neu renoviert und gepflegt. Der repräsentative Hauptstadt-Bahnhof ist schon in den Zarenzeiten erbaut worden. Begrüßungsszenen spielen sich in der Bahnhofshalle ab. Menschen rufen sich zu und fallen sich in die Arme. Das wäre vielleicht nicht der Fall in Zeiten, in denen ein Flug von Moskau nach Simferopol wenige Stunden dauert. Mühsal und Gefahren der langen Reise geben nun mehr Anlass, die ankommenden Mütter,

Väter, Kinder und Freunde erleichtert in die Arme zu nehmen am Bahnhof in Simferopol. Zwei Stunden Autofahrt stehen uns nun noch bevor bis nach Jalta.

MITTWOCH, 9. NOVEMBER

Wieder beschuldigt die Ukraine das russische Militär Plünderungen in der besetzten Stadt Cherson durchzuführen, berichtet der britische Nachrichtendienst Reuters. Pro-russische Unterstützer berichten laut der russischen Nachrichtenagentur RIA, dass das ukrainische Militär Panzer für seinen Vormarsch nutze. Aus Kiew wird laut dpa berichtet, dass vom russischen Militär erneut kritische Infrastruktur und Wohnhäuser in den Gebieten Charkiw, Donezk, Saporischschja und Cherson angegriffen wurde.

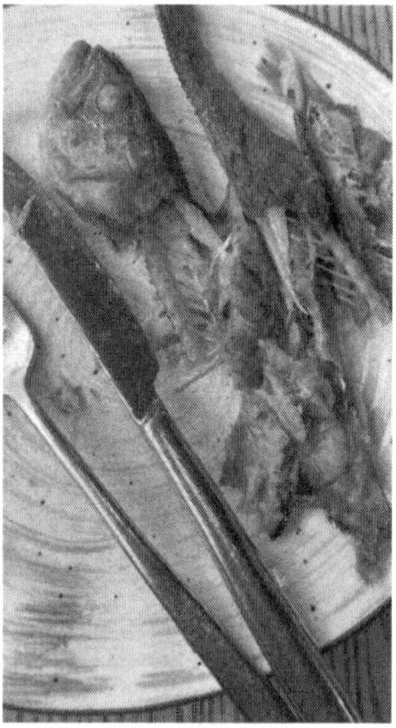

Ливадийский
дворец 1911-2022

Mittwoch, 9. November 2022 um 13:57
IMG_0187
Livadija-Palast

01:07 Uhr Im Hotel Jalta Intertourist werde ich nun eine knappe Woche wohnen. Es ist eine große Anlage, 1978 gebaut. Hat sich noch etwas von dem besonderen Charme der untergegangenen Sowjetunion bewahrt. Aber alles ist neu renoviert, es gibt große Schwimmbäder und andere Freizeitanlagen. Luba führt mich noch überall herum und animiert mich, die Bäder und anderen Angebote zu nutzen, bevor sie nach Hause zu ihren Eltern in einen anderen Stadtteil von Jalta fährt. Ich entdecke eine noch geöffnete Sportsbar in dem riesigen Hotelkomplex. Immerhin ist es schon nach ein Uhr, aber das Hotel ist noch recht belebt. Ich setzte mich an einen freien Tisch und bestelle eine Suppe und eine Flasche Mineralwasser. Auf einem der großen Bildschirme läuft ein Fußballspiel. Ich darf mich wie zu Hause fühlen, denn auf einem der drei riesigen Bildschirme sehe ich deutsche Fußballer. Manuel Neuer und Thomas Müller, die noch nichts davon wissen können, dass sie in vier Wochen bei der WM in Katar schon nach drei Spielen wieder nach Hause fliegen müssen. Das Spiel München gegen Werder Bremen flimmert hier in der Nacht über den Bildschirm. Ein leicht angeheiterter Russe unterbricht sein Billardspiel. Er hat mich offenbar gleich als Ausländer ausgemacht und spricht mich in Englisch an. Als ich seine Begrüßung erwidere, lässt er sich auf einen der freien Stühle an meinem Tisch fallen. Er schimpft mit etwas verwaschener Stimme auf den „Agress". Er meint wohl den Krieg. Vielleicht will er mir mit der bei einem Ausländer vermuteten Gesinnung gefallen. Auf meine Frage, ob er den Angriff des russischen Militärs für richtig hält, zuckt er nur mit den Schultern. Ich habe nicht den Eindruck, dass er eingeschüchtert ist. Eher etwas mehr als leicht angetrunken. Er wechselt das Thema und erzählt vom Talent seines Sohnes als Billardspieler, der gerade mit seinen vielleicht zehn Jahren versucht, den Queue an dem für ihn viel zu hohen Tisch in Richtung der Kugeln zu richten.

In meinem Hotelzimmer in der 13. Etage stelle ich den Fernseher an. Wie in Moskau kann ich kein CNN oder ein anderes westliches Programm ansehen. Nur russische Programme sind zu sehen. Das ist nicht weiter schlimm, ich benötige nur einige Minuten lang die Begleitung eines Hintergrundgeräusches, um mich in den Schlafmodus zu bringen. Ich freue mich nun auf ein gemütliches Bett. Duschen, Zähne putzen. Heute steht für 13 Uhr ein Treffen mit der Oberbürgermeisterin von Jalta auf der Agenda. Ein Empfang und eine Besprechung für die Ausstellung von Elisabeth Frietsch-Eyer, die am Freitagnachmittag an der Uferpromenade eröffnet werden soll. Zwischenzeitlich wird es noch einige Termine in zwei Schulen in Jalta geben, wo ich mit Schülern sprechen werde. Zwei Tage sind es bis zur Ausstellungseröffnung. Natürlich bin ich gespannt, den Platz zu sehen, wo sich Churchill, Roosevelt und Stalin getroffen haben, um für die Zeit nach der deutschen Niederlage im Zweiten Weltkrieg die Welt neu zu ordnen. Ich stelle den Fernseher ab. Es ist 02:08 Uhr.

❖

09:17 Uhr, nach Moskauer Zeit, die auch hier gilt. Es ist sonnig und 15 Grad warm in Jalta. Vom Balkon des Hotels blicke ich weit auf das blaue Meer hinaus und auf der anderen Seite auf die Krimberge. Ich habe gut geschlafen und habe das Rütteln des Nachtzuges von Moskau nach Simferopol aber noch in den Gliedern. Es wird die längste Eisenbahnfahrt bleiben, die ich in meinem Leben gemacht habe, falls die Rückfahrt nach Moskau in einer Woche nicht länger dauern wird. An die neue Realität muss ich mich gewöhnen. Nun befinde ich mich aus Sicht des Landes, das von meinem Land mit Waffen unterstützt wird, illegal in einem besetzten Gebiet. Das Urvertrauen, das ich in unserer Demokratie in Deutschland erhalten habe, hat sich durch meine beruflichen Erfahrungen etwas relativiert. Eine zügellose Willkür habe ich aber noch nicht feststellen können. Es lohnt sich, die deutsche Demokratie gegen den ständigen Missbrauch der Macht zu verteidigen. In Sachen Pressefreiheit stand ich auch schon vor dem Landgericht Baden-Baden und habe den Prozess gegen Politiker gewonnen, die nicht einsehen wollten, dass man über Machenschaften mit einem gut begründeten Korruptionsverdacht berichten darf. Ständige Wachsamkeit und der Mut zum Widerstand helfen, die Demokratie am Leben zu halten. Wie die Lage in Russland ist, kann ich bisher nur aus der Ferne beurteilen. Ich erinnere mich an makabre Späße in den späten neunziger Jahren, nach denen ein Journalist nicht in die Pensionskasse einzahlen solle, da er das Pensionsalter ohnehin nicht erreichen würde. Bisher gibt es keinen Anlass, dass ich mich als Journalist eingeschränkt fühlen könnte. Niemand hält mich vom Fotografieren und Filmen ab. Abgesehen von dem kleinen Zwischenfall vor der Akademie des Außenministeriums in Moskau.

Im riesigen Speisesaal des Intertourist Hotels gönne ich mir ein großzügiges Frühstück. Es fehlt an nichts. Von Sanktionen ist hier nichts zu bemerken. Eine lange Buffetreihe mit Eierspeisen, dazu Schinken, Speck und sonstige warme Speisen. Auf der gegenüberliegenden Seite Obst, Gemüse, Käse, Quark und allerlei Joghurtvariationen und frische Säfte für die gesundheitsbewussten Gäste. Durch die großen Fensterfronten blicke ich auf das Meer hinaus und ein Urlaubsgefühl macht sich breit. Ich nehme einige kurze Videos auf von dem Treiben hier im Speisesaal, von den vielen Urlaubern, die sich äußerlich in nichts unterscheiden von den Touristen in den Hotels an der Côte d'Azur, auf Mallorca oder Gran Canaria.

Ich genehmige mir noch einen Cappuccino und rechne die Reisezeiten zusammen, die ich unterwegs gewesen bin, bis ich vergangene Nacht hier angekommen bin. Baden-Baden, Frankfurt, Istanbul, Moskau, Simferopol, Jalta. 50

Stunden sind in diesen kriegerischen Zeiten notwendig, um von Baden-Baden nach Jalta zu reisen. Zwei Stunden von Baden-Baden nach Frankfurt mit dem ICE. Drei Stunden dauerte dann der Flug von Frankfurt nach Istanbul mit Turkish Airlines. Die Transitzeiten rechne ich gar nicht. Von Istanbul nach Moskau schlagen weitere fünf Stunden zu Buche. Die Ukraine zu umfliegen, kostet einige Zeit. Für die Zugfahrt Moskau nach Simferopol kommen 29 und eine halbe Stunde auf die Rechnung. Für die Schlussetappe von Simferopol nach Jalta kostete es eineinhalb Stunden mit dem Auto. Mehr als 50 Stunden für eine Reise, die in Friedenszeiten von Frankfurt nach Simferopol drei Stunden dauert.

Dazu fällt mir noch ein Thema ein, das meiner Mutter keine Ruhe ließ. Ich habe das den zukünftigen Diplomaten in der Diplomatischen Akademie weitergegeben und erzählt, dass wir in der Schule alle lernen, dass Europa bis zum Ural reicht. Aber Menschen in Moskau und St. Petersburg sprechen immer davon, dass sie nach Europa fahren, wenn sie nach Deutschland reisen oder nach Frankreich. Meine Mutter hat jeden Russen ermahnt, die Rolle als Europäer anzunehmen. So malte sie ein Bild mit dem Motiv eines schlafenden Russlands, das wachgeküsst werden müsse. „Wohin soll Russland eigentlich gehören?“, hatte ich beim Mittagessen in der Diplomatischen Akademie im Gespräch mit Studenten gefragt. „Meinen Sie Russland soll sich in eine EU einordnen als eines von mehr als zwanzig Ländern?“, hatte ein Student entgegnet und zugestanden, dass Russland zu Europa gehöre. Und fügte hinzu: „Geografisch, aber nicht politisch“.

Nach einer Entscheidung vom 16. März 2022 in Strasbourg ist die Russische Föderation kein Mitgliedsstaat des Europarates mehr. Russland war nicht nur in europäischen Institutionen vertreten in Straßburg und in Brüssel. Auch mit der NATO wurden regelmäßige Konsultationen gepflegt. Basierend auf der NATO-

Russland-Grundakte über gegenseitige Beziehungen, Zusammenarbeit und Sicherheit, die von der Russischen Föderation und der NATO am 27. Mai 1997 in Paris unterzeichnet worden war.

52 Stunden von Baden-Baden nach Jalta ist eine Reisezeit, wie man sie im 19. Jahrhundert in Kauf nehmen musste. Aber das ist ein kleines Problem. Auch die Instrumente der Politik sind in diese Zeit zurückgefallen, in das 19. und die erste Hälfte des 20. Jahrhunderts. Zumindest für Europa galt dies bisher. Abgesehen vom Krieg auf dem Balkan in den neunziger Jahren war das Mittel des Krieges in Europa keine Option mehr.

Ich fahre von der 13. Etage hinunter. Im 12. Stock steigen drei kleine Jungs zu, vielleicht im Alter von fünf, sechs Jahren. Ich begrüße sie mit einem „Hello“. Sofort erwiderten sie das „Hello“ auch mit einem „Hello“ und waren unübersehbar interessiert an dem Fahrgast, der sie so ungewöhnlich ansprach. Sie tuschelten auf der Fahrt nach unten und als wir im Erdgeschoss aussteigen und sie eine andere Richtung einschlagen, winken die drei kleinen Kerle mir um die Wette zu und wiederholen unentwegt alle drei das Wort immer wieder. „Hello, hello, hello....“ Seit bald einem Jahr sind Besucher aus dem westlichen Ausland in Russland eine Ausnahme. So bin ich nicht nur für die Kinder eine exotische Erscheinung. Dieser exklusive Status hat seine Vorteile. Aus Neugier vielleicht bemühen sich die Hotelmitarbeiter besonders um mich. Einen Vorbehalt gegenüber einem sogenannten Westler ist mir weder in Moskau noch auf der Krim begegnet. Das habe ich auch im Zug erlebt mit Sergej und Nina und allen anderen Passagieren, mit denen ich auf der langen Reise in ein Gespräch kam. Wenn die russische Propaganda das zum Ziel gehabt haben sollte, so ist es nicht gelungen, Vorbehalte gegenüber Gästen aus dem Westen aufzubauen. Ich begegne keinen Vorbehalten gegen mich.

❖

Gleich ist es **11.00 Uhr** im Foyer des Hotel Intertourist. Im Hintergrund läuft Tom Jones. Ich glaube der Titel heißt „Delilah". Als wolle man das Lebensgefühl westlicher Länder aus den sechziger, siebziger und achtziger Jahren nachholen, laufen nicht nur im Intertourist unentwegt Titel der Beatles, Rolling Stones und anderer Interpreten jener Zeit. Luba holt mich ab. Wir fahren vom Intertourist, von der Halbhöhenlage, hinunter in die Stadt. Luba Gribkova ist eine Tochter der Stadt Jalta. Hier aufgewachsen und als Stadträtin engagierte sie sich auch in der Kommunalpolitik. Mit einem ukrainischen Pass hat sie den ersten Teil ihres Lebens verbracht. Anfang des 2000er Jahre hatte sie auch Baden-Baden besucht und Freundschaften geknüpft, die sie bis heute pflegt. Nun ist sie überzeugte Russin geworden. Die Ukrainer hätten ihr und auch anderen Einwohnern übel mitgespielt und die Krim vor 2014 nicht gut behandelt, erzählt sie. Während sie nun in Moskau studiert, arbeitet sie weiterhin für das Rathaus ihrer Heimatstadt als Beraterin. Bevor wir ins Rathaus fahren, legen wir noch einen Halt ein, um einen Bilderrahmen zu kaufen für ein Gemälde meiner Mutter, das ich in Jalta lassen will. Ich entdecke auf dem Gebäude des Ladens eine sowjetische Fahne. Ja, es gebe noch Menschen in Russland und auch auf der Krim, die sich nach der großen Sowjetunion zurücksehnen, sagt Luba und blickt hoch auf die Fahne mit Hammer und Sichel. Auch Lubas Vater, den ich später kennenlernen sollte, erinnert sich eher mit Wohlwollen an die Zeiten der großen, mächtigen alten Sowjetunion. Mehr als Nostalgie ist aber mit den alten Idealen nicht mehr zu machen. Die Partei der Post-Sowjets konnte bei den letzten Wahlen nur ein Prozent der Wähler davon überzeugen, dass sich das Rad der Geschichte nochmals zurückdrehen lässt.

❖

12:00 Uhr Vor dem strahlend weißen Livadija Palast werden wir schon von Mitarbeitern der Stadt Jalta, von Fotografen und einem Fernsehteam erwartet. Der letzte russische Zar Nikolaus II. ließ den Palast als seine Sommerresidenz bauen. 1910 konnten der Zar und seine Familie einen ersten Sommer dort verbringen. Schon wenige Jahre später war das Glück der Zarenfamilie zu Ende. Alle wurden im Juli 1918 umgebracht, nach der Oktober-Revolution 1917. Die größte Stunde sollte der Palast noch erleben. Vom 4. bis 11. Februar 1945 trafen sich hier Winston Churchill, Franklin Dwight Roosevelt und Josef Stalin. Sie ordneten die Welt neu, noch bevor der Zweite Weltkrieg zu Ende war. Hier auf der Krim waren die Deutschen erst am 12. Mai 1944 abgezogen. Nicht weit von hier ist schon wieder Krieg.

❖

Mit ausgestreckter Hand kommt Oberbürgermeisterin Janina Pawlenko im Garten des Livadija Palasts auf mich zu. Sie ist für die ukrainischen Offiziellen illegal in ihrem Amt. Genauso illegal wie ich mich nach ukrainischer Rechtsauffassung auf der Krim aufhalte. Während meines Aufenthalts hier protestiert der ehemalige ukrainische Vertreter auf der Krim mit einem an das Auswärtige Amt in Berlin und andere deutsche Behörden gerichteten Schreiben gegen meine Reise. „Illegal Visit of Baden-Baden Journalist to Russia-Occupied Crimea and Russian Terroristic Activities in Ukraine", titelt das Schreiben. Unterzeichnet von Borys Babin, dem ehemaligen Stellvertreter des ukrainischen Präsidenten Borys Volodymyrovych in der Autonomen Republik Krim, der ihn im August 2017 ernannt hatte. Inzwischen ist Borys Babin Vertreter der „Association of Reintergration of Crimea“ mit Sitz in Paris. Mit einem achtseitigen Schreiben wendet er sich an die deutschen Behörden in Berlin, Stuttgart und Baden-Baden.

Ein Auszug daraus:

Illegal Visit of Baden-Baden Journalist to Russia-Occupied Crimea and Russian Terroristic Activities in Ukraine. Our Association of Reintegration of Crimea (ARC)1, is non-governmental expert and human rights organisation, our expert researches are related with human rights and humanitarian issues, including indigenous rights, fundamental rights, informational rights, right to development, also as with issues of the transitional justice for Crimean peninsula, with relevant humanitarian, informational, economic, social and financial impacts. Our experts researched the issues of terroristic aspects of the Russian aggression against Ukraine, including activities of Russia-financed and Russian-controlled activities of terroristic groups on the Russia-occupied territories. As it is known from open sources, available in Internet, the German citizen, Christian Frietsch, the redactor of media "Goodnews4 Baden-Baden" visited illegally the Russia-occupied Crimea, including Yalta town, in November, 2022. During such visit, broadly reflected in the Russia-controlled fake and propagandistic "official media" Mr. Frietsch met with so-called "head of Yalta administration" Yanina Pavlenko and with so-called "head of city council" Constantin Shymonovskyy. Mr. Frietsch also made some illegal statements, de-facto supporting the attempted "annexation" of Crimea by Russia and opened the provocative public exhibition with illegal provocative name «30 years of friendship between Yalta and Baden-Baden. Building bridges of Friendship between Russia and Europe». Let us remind You, that illegal occupation and attempted annexation of Crimea by Russia since 2014, as a part of Russian-Ukrainian interstate conflict, changed the situation in the region."

Auszug aus der Stellungnahme der goodnews4-Redaktion an das Auswärtige Amt in Berlin und andere deutsche Behörden, auch an den Baden-Badener Gemeinderat:

„Die ukrainische Organisation hat sich mit ihrem Schreiben an den Baden-Badener Gemeinderat gewandt. Falls das Ziel sein sollte, auf diesem Weg Repressionen durch den Gemeinderat gegen einen Journalisten auszulösen, ist dies mit den demokratischen Prinzipien,

die in Deutschland gelten, nicht zu vereinbaren. Auch der in diese Sache involvierte Stadtrat der SPD sollte dahingehend seine Initiative überprüfen. Der für den öffentlich-rechtlichen Rundfunk tätige Stadtrat wird wissen, dass seit 2014 seine Kollegen von der ARD mehrmals auf die Krim reisten und berichteten. Seit dem Einmarsch des russischen Militärs in die Ukraine hat sich die aus der Sicht der Ukraine bekannte Rechtslage nicht geändert. Ein Monopol für die Berichterstattung von der Krim für den öffentlich-rechtlichen Rundfunk kann es nicht geben. Selbstverständlich wird sich Christian Frietsch weder von seiner Berichterstattung noch von notwendigen Recherchen abhalten lassen. Das gilt auch für andere Journalisten, die von der Krim und anderen Regionen mit schwierigen Rechtslagen berichten."

❖

Wir reden nicht über die große Politik. Dafür ist ja auch Moskau zuständig. Ich frage die Oberbürgermeisterin auch nicht, ob man einen Angriff des ukrainischen Militärs für möglich halte, das vielleicht versuchen könnte die Krim wieder zurückzuholen. Die Rathaus-Chefin lacht viel. Vielleicht sind die Ungewissheiten und Lasten so groß, dass sie so den Alltag leichter übersteht. Wir sprechen über die Ausstellung, die am Freitag um 14 Uhr eröffnet werden soll. „To Build a Bridge" mit Werken von Elisabeth Frietsch-Eyer, meiner Mutter. Während sie noch lebte, habe ich mich wenig um sie gekümmert. Nun begleite ich ihre Werke nach Moskau und Jalta.

Auch Konstantin Schimanowskij ist gekommen, der Vorsitzende des Gemeinderats von Jalta. Auch wenn die halbe Welt nun auf die Krim blickt, haben die Oberbürgermeisterin und der Vorsitzende des Gemeinderats etwas, was sie mit allen Kommunalpolitikern gemeinsam haben, so wie ich sie auch aus Deutschland und Frankreich kenne. Sie wissen in welchem politischen Korridor sie sich zu bewegen haben und halten sich heraus aus der großen Politik. Ich übergebe der

Oberbürgermeisterin ein Originalmotiv meiner Mutter mit dem Titel „Träumerei in Baden-Baden". Es soll als Leihgabe für 100 Jahre hierbleiben. „Wieder abholen kann ich es also voraussichtlich nicht", sage ich in die Runde.

Ich halte eine Stehgreifrede und erzähle das, was ich schon in Moskau versuchte zu vermitteln. Die Motive meiner Mutter handeln alle von der großen Idee für Freiheit und Frieden, erzähle ich. Und dies nicht aus einer abstrakten Motivation heraus, sondern weil die Kindheit meiner Mutter von einem Krieg begleitet wurde, der sich mitten durch die deutsch-französische Familie zog. So hat sie alle in ihren Bildern zum friedlichen Miteinander zusammengeführt, unsere deutsch-französischen Familie und die ganze Völkerfamilie. Die Deutschen, die Russen, die Franzosen, die Amerikaner. In Baden-Baden lebten und leben sie alle immer friedlich zusammen. So die Botschaft der farbenfrohen Bilder, die vielleicht nur eine Illusion verbreiten. Aber das kann helfen.

In einigen Interviews und Gesprächen versuche ich diese Botschaft verständlich zu machen. Die Versöhnung von Deutschen und Franzosen. Die Badener und Elsässer an der Grenze der beiden Länder, die so viele Kriege gegeneinander führten. Die Konflikte, die sich Generationen lang durch unsere Familie zogen. 1962 haben sich Konrad Adenauer und Charles de Gaulle in Baden-Baden die Hände gereicht und den deutsch-französischen Freundschaftsvertrag vorbereitet.

❖

13:27 Uhr „Roosevelt hat diese Badewanne mitgebracht", erzählt mir jemand aus der Gruppe, die mich durch die vielen Räume begleitet, in denen Roosevelt, Churchill und Stalin vom 4. bis zum 11. Februar 1945 die Welt neu ordneten. Hitler hatte in Berlin noch etwas mehr als zwei Monate Zeit, bis die Rote Armee dem Morden ein Ende setzte. Die Konferenz von Jalta, manche nennen sie Krim-Konferenz, war das bedeutendste der drei Treffen der drei Sieger, die erst später die Franzosen in den Kreis der Siegermächte aufnahmen. Ein coloriertes Bild zeigt die drei Kriegsgewinner. Ich mache ein Foto. Zwischen den historischen Relikten sehe ich auch ein Foto von Wladimir Putin und Silvio Berlusconi. Bescheiden in irgendeiner Vitrine am Rande der großen Geschichte.

Der weiße Palast hat eine geschichtliche Bedeutung wie Versailles. Nicht ganz so prunkvoll ist der Bau, aber würdig genug als Museum für die wichtigsten Gespräche eines ganzen Jahrhunderts. Die drei bedeutenden Hauptdarsteller haben den Liwadija-Palast ganz für sich alleine. Auch heute noch. Fast für sich alleine. Denn das obere Stockwerk kündet vom tragischen Leben und Tod der kaiserlichen Familie. Erst 1992, nach dem Untergang der Sowjetunion, wurde dieser Teil des Museums eingerichtet. Viele Bilder hat Elisabeth den Zaren, Zarinnen und den letzten dieser Zarenfamilien gewidmet. Sie hätte wohl noch mehr Inspirationen entwickelt, wenn sie hier hätte sein können. Ich habe den Eindruck, dass die üppige Pracht ihrer Bilder auch den Geschmack vieler Russen treffen wird. Erst der Besuch des amerikanischen Präsidenten Richard Nixon in der Sowjetunion 1974 führte dazu, dass das Erdgeschoss des Palastes zum Museum wurde, erzählt die junge Museumsführerin. Das Parterre ist der Konferenz von Jalta gewidmet, wo die Räume noch genauso wie zur Zeit der Konferenz gestaltet sind. Porzellan, Gläser und Besteck, mit dem Churchill, Stalin und Roosevelt frühstückten, das Mittagessen und gemeinsam das Dinner einnahmen.

Ich gehe mit Konstantin Schimanovskij, dem Vorsitzenden des Stadtparlaments, zum Essen an der schönen Uferpromenade. Auch er gilt in der Ukraine als „Fake"-Politiker, wie ich später in dem Schreiben der „Association of Reintegration of Crimea" lese. Er erzählt mir, dass er als Vorsitzender des Stadtparlaments von den

Stadträten gewählt werde. Hier in Jalta sind es 28 Mitglieder. Die stärkste Partei im Gemeinderat von Jalta ist die Partei „Einiges Russland“ mit zwanzig Sitzen, dieser Partei gehört Konstantin Schimanovskij an. Alle anderen Parteien haben zusammen die restlichen acht Sitze. Darunter auch eine kommunistische und eine postsowjetische Partei. Über die große Politik reden wir nicht.

DONNERSTAG, 10. NOVEMBER

Die Stadt Kriwyj Rih soll laut dpa vom russischen Militär angegriffen worden sein. Russland habe den Rückzug seiner Truppen von der Stadt Cherson westlich des Flusses Dnipro angeordnet, berichten mehrere westliche Nachrichtenagenturen. Der Vize-Gouverneur der Region Cherson sei bei einem Autounfall ums Leben gekommen, berichten russische Medien.

ь/hotel YALTA-INTOURIST

Donnerstag, 10. November 2022 um
10:16

IMG_0279

Donnerstag, 10. November 2022 um 10:50

IMG_0288

08:57 Uhr Im Frühstücksraum des Intertourist lese ich auf meinem Handy Nachrichten aus Deutschland. Udo, mein Freund und ehemaliger Kollege aus Frankfurt, schreibt auf WhatsApp: „Meinst Du nicht, dass Deine Reise zu propagandistischen Zwecken ausgenutzt wird?“ Ich antworte ihm: „Ja, das glaube ich schon. Aber das beruht auf Gegenseitigkeit.“ Das Frühstück genieße ich. Zwei fried eggs lasse ich mir zubereiten. Mit Englisch komme ich gut durch im Intertourist. Wenn die Sanktionen noch lange Zeit weitergehen, wird die Motivation, eine Fremdsprache zu lernen und zu sprechen, nachlassen. Obwohl ich nun schon zwei Tage hier bin, habe noch ich keinen Ausländer getroffen.

Mit einem Hotelgast komme ich ins Gespräch. Aus Rostow am Don komme er mit seiner Familie erzählt er. Jedes Jahr im Intertourist mit seiner Frau und seiner Tochter. In Nizza und Venedig waren sie auch in den letzten Jahren. Das sei ja jetzt nicht möglich. Schon sind wir beim Thema Sanktionen, Krieg und Putin. Auf meine Frage „What do you think about Wladimir Putin?“ antwortet er so fantasielos wie es meine Frage verdient. „He is the President.“ Wir einigen uns darauf, dass jeder Tag ohne Waffenstillstand Menschen das Leben kostet. Wir einigen uns auch darauf, dass die Diplomaten das Wort haben sollten. Für die Krim gebe es aber kein Zurück zur Ukraine, nennt er die rote Linie, an der wohl noch lange jede Verhandlung scheitern wird. Er sei auch sicher, dass Abstimmungen in Donezk und Luhansk auch unter westlicher Kontrolle ein Votum für die Zugehörigkeit zu Russland ergeben würden. „Und was wird aus Cherson?“, frage ich zu der Stadt, die nun wieder vom ukrainischen Militär zurückerobert wurde. Heute ist der Vorbereitungstag für die Ausstellung morgen in Jalta auf der Promenade, wo um 14 Uhr Werke von Elisabeth Frietsch-Eyer zu sehen sind. Davor stehen noch einige Termine auf meiner Agenda.

❖

10:15 Uhr Besuch in der Kirche Sankt Nicolai. Mit ganzem Namen heißt das Gotteshaus Massandra Kirche vom Heiligen Nikolay und der Zarin Alexandra. Kirche und Staat sind seit den Zarenzeiten eng beieinander geblieben. Ich spende zwei Kerzen. Eine für alle lebenden Menschen und eine Kerze für alle Verstorbenen, so hat es Luba mir vorgemacht. Als Atheist für mich ein ungeübter Vorgang. Luba stammt aus einer alten Familie aus Jalta, die schon seit Anfang des 20. Jahrhundert im öffentlichen Leben hier eine Rolle spielt. Ihr Urgroßvater war am Bau der Kirche Sankt Nicolai als Baumeister beteiligt. Viele Menschen, die ich hier treffe, sind gläubig, auch Luba und ihre Eltern. Siebzig Jahre Kommunismus in der Sowjetunion konnten den lieben Gott und die Engel nicht vertreiben. Im Souvenirladen der Kirche lasse ich mich inspirieren, ich kann ja nicht nur Matrjoschkas mitbringen nach Deutschland. Für meine Tochter Alisa Hélène kaufe ich ein Amulett der Heiligen Elena. Helena von Konstantinopel war die Mutter des römischen Kaisers Konstantin. Sowohl in der orthodoxen Kirche als auch in der römisch-katholischen Kirche wird sie gleichermaßen als Heilige verehrt.

❖

10:50 Uhr Gerade mal 54 Rubel erhalte ich für einen Euro in der kleinen Bankfiliale in der Innenstadt von Jalta. Seit dem Krieg ist die russische Währung teuer geworden. Der US-Dollar ist sogar noch günstiger bewertet als der weiche Euro. Nach meinem kleinen Devisengeschäft schlendere ich durch die Straßen der Altstadt. Restaurants und Einkaufsläden warten auf Touristen. Nicht alle Sanktionen greifen. Im Gegensatz zu Moskau, kann ich Coca-Cola trinken. Vielleicht liegt es am Laissez-faire des Südens, dass man Wege findet, die Beschränkungen zu umgehen. Von einem Kellner erfahre ich, dass die Coca-Cola, die man hier kaufen kann, aus der nahen Türkei importiert wird. Überrascht bin ich von Autos mit ukrainischem Kennzeichen, die ich hie und da sehe. Nicht weit von hier ist Krieg. Ukrainer aus den Kriegsgebieten kommen hierher, um einzukaufen, um Verwandte zu besuchen oder um irgendetwas anderes zu erledigen. Ganz so, als wären die Zeiten friedlich. In die andere Richtung ist es nicht möglich. Einwohner aus der Krim können mit ihren russischen Kennzeichen nicht in die Ukraine einreisen. Ich sehe einen alten Lastwagen aus Sowjetzeiten, der durch die Stadt fährt. Auf der Ladefläche sehe ich Bilder und Assecoirs für die Ausstellung.

❖

11:45 Uhr Die Stadtverwaltung hat mich zu einer Besichtigung des neuen Stadions eingeladen, einige Minuten Fahrzeit außerhalb der Innenstadt. Gleich fällt mir dort ein riesiges Wandgemälde auf mit dem russischen Torwart Jaschin, der in den sechziger, siebziger Jahren als bester Torwart der Welt galt. Ein freundlicher Stadtrat, auch Vorsitzender des Vereins, zeigt mir die gesamte Sportstätte. 1,5 Milliarden Rubel, umgerechnet 25 Millionen Euro, soll das Stadion gekostet haben, wo nun Rubin Jalta, die Fußballmannschaft von Jalta, versucht, den hohen Ansprüchen des dichten Rasens gerecht zu werden. Das viele Geld für das moderne neue Sportzentrum kommt aus Moskau, erfahre ich. Ein Geschenk von Präsident Putin. Eine große Rolle spielt das Schachzentrum, das noch nicht ganz fertiggebaut ist, aber schon jetzt sind Spieltische aufgebaut. Ich schreibe in das Gästebuch des Stadions, dass ich auch gerne auf dem teuren Rasen Fußball spielen würde. Mit meinen Hobbykickern aus Baden-Baden, das wäre was.

12:00 Uhr Von der neuen Sport-Arena bringt mich ein Fahrer der Stadtverwaltung direkt in die Hochkultur von Jalta. In die Kirowstraße 112, wo in seiner weißen Datsche Anton Pawlowitsch Tschechow seine letzten fünf Lebensjahre verbrachte. In diesem Haus hat der große Schriftsteller eine Reihe seiner berühmtesten Werke geschrieben, darunter die Stücke „Drei Schwestern" und „Der Kirschgarten", erzählt die kundige Kuratorin des Museums. Auch die Erzählungen „Die Dame mit dem Hündchen" und „Die Braut" entstanden in der weißen Datsche, wo den Dichter seine schwere Lungenkrankheit begleitete. Die bekanntesten russischen Künstler jener Zeit waren bei Tschechow zu Gast und setzten sich mit dem Schriftsteller auseinander. Maxim Gorki und Iwan Bunin, die Maler Isaak Lewitan und Wiktor Wasnezow, der Komponist Sergei Rachmaninow und der Sänger Fjodor Schaljapin. In der Hoffnung auf Heilung war Tschechow von Jalta nach Badenweiler gereist, wo er aber am 15. Juli 1904 an seinem Lungenleiden starb. In jenen Zeiten versprachen sich viele Russen Wunderdinge von den Thermen in den deutschen Kurstädten, als neben Baden-Baden auch Badenweiler seine große Zeit als Bäderstadt erlebte. In der von internationalen Besuchern isolierten Krim bin ich an diesem Tag in der weißen Datsche von Anton Tschechow einer der wenigen ausländischen Gäste. Vielleicht der einzige.

FREITAG, 11. NOVEMBER 2022

Das ukrainische Militär hat nach eigenen Angaben 41 Orte im Süden der Ukraine zurückerobert. Bei einem Angriff des russischen Militärs seien in einem Wohnhaus in Mykolajiw zwei Menschen ums Leben gekommen, berichten ukrainische Behörden. Das russische Militär habe bei seinem Rückzug aus Cherson die Stadt verwüstet, berichten ukrainische Medien.

BT 8448 AK

Freitag, 11. November 2022 um 21:46 [redacted]
IMG_0455

12.10 Uhr Die Schulleiterin Walentina Kabanowa und die Schüler erwarten mich in der Schule, die ich besuchen darf. Sie sind gut vorbereitet auf den Besuch aus Deutschland. Wie bei den angehenden Diplomaten in der Akademie in Moskau, werden hier die fehlenden Kontakte in den Westen mehr vermisst als westliche Modeartikel und sonstige Waren.

Nach einer Hochwasserkatastrophe 2021 in Jalta waren die Schäden groß und die Baden-Badener halfen so gut es ging. Dies obwohl die offiziellen Beziehungen bereits seit 2014, nach der Annexion der Krim, ruhen. Einige Baden-Badener trauten sich dennoch zu helfen. In einem Dankschreiben hatte sich die Oberbürgermeisterin Janina Pavlenko an das Ehepaar Uta und Gérard Ell und an alle Baden-Badener Spender gewandt. Ein Dank, der auch nicht überall gut ankam in Baden-Baden, denn die russische Oberbürgermeisterin gilt in der Ukraine und im Westen als illegale Repräsentantin der Stadt Jalta. Die guten Geschäfte und guten Freundschaften der Baden-Badener Elite sind auf Eis gelegt und nur wenige halten den Kontakt zu den alten Freunden in Jalta aufrecht. In den für Baden-Baden wirtschaftlich guten Jahren reiste selbst der Direktor der kleinen Sparkasse nicht nur einmal nach Moskau. Über diese Geschäfte mit den ehemals guten Freunden redet man heute nicht gerne. Auch nicht im Rathaus, das über die Geschäfte der Sparkasse Aufsicht führt. Auch über die Geschäfte mancher Stadträte mit den russischen Freunden will niemand mehr etwas wissen. Seit 2014 hält man die Beine still. Nur keine schlafenden Hunde wecken in Sachen diverser Geschäftspraktiken. Die Städtepartnerschaften zu Jalta und Sotschi wurden abgebrochen. Nicht alle deutschen Städte folgten dem Mainstream und halten ihre kulturellen Beziehungen aufrecht. Die Schule, die ich besuche, heißt einfach nur Schule Nr. 12. Die Schulen in Jalta sind durchnummeriert wie die Streets und Avenues in New York City. Das ist nicht besonders fantasiereich, aber praktisch.

Viele durch das Hochwasser zerstörte Musikinstrumente konnten wieder angeschafft werden. Nun durfte ich die Dankbarkeit der Schüler erleben. Ganz unverdient, denn zu den Spendern gehörte ich damals nicht. Ein gelungenes Konzert der Schüler konnte ich nicht ganz angemessen erwidern. Mit einem bescheidenen Ständchen versuche ich es immerhin. „Hello again" gebe ich zum Besten. Getrieben von der Gastfreundschaft fällt der Beifall von den amüsierten Schülern und Lehrern dann doch ganz ordentlich aus.

❖

13:20 Uhr Konstantin Schimanovskij, der Vorsitzende des Gemeinderats, eröffnet die Ausstellung an der Uferpromenade von Jalta. Er wendet sich an das Publikum. Was er sagt in seiner Rede, kann ich nur erahnen. Offizieller Anlass der Ausstellung ist das 30-jährige Jubiläum der Städtepartnerschaft zwischen Jalta und Baden-Baden. Das Motiv „To Build a Bridge" meiner Mutter ist das Leitmotiv. 19 Werke werden gezeigt mit Motiven zur deutschen, russischen und französischen Geschichte. Eine Brücke bauen zwischen Russland und der Ukraine. Wie könnte die Brücke aussehen? Welche Antwort hätte Elisabeth gehabt? Auch an diesem Tag ist die Sehnsucht nach einem Frieden groß in Jalta. An eine Rückkehr der Krim zur Ukraine will hier bei den Offiziellen der Stadt aber niemand denken. Zwei Namen fallen zur Geschichte der Krim immer wieder. Nikita Chruschtschow und Katharina die Große. 1954 hatte der Parteichef der sowjetischen KPdSU dafür gesorgt, dass die Krim nach 170 Jahren Russland wieder abhandenkam. Den ehemaligen KPdSU-Chef der Ukraine scherte das Vermächtnis der deutschstämmigen Zarin Katharina II. wenig. Sie hatte am 8. April 1783 in einem Manifest verkünden lassen: „Von nun an und für alle Zeiten ist die Krim Teil des russischen Reiches."

Eine ausgelassene weibliche Musikgruppe begleitet die Eröffnung der Ausstellung. Auf der Promenade von Jalta an diesem milden Novembertag. Es macht sich etwas von einer Volksfeststimmung breit. Elisabeth hätte darüber hinweggesehen und sich gefreut. Sie hätte es genossen im Mittelpunkt zu stehen. Gerade überlege ich, ob meine Mutter eigentlich religiös war. Das sollte man als Sohn von seiner Mutter wissen. Vieles von ihr blieb im Dunkeln, weil ich mich nicht erkundigte und sie selbst nicht viel über die Familiengeschichte erzählte, aber die Konflikte und vielen Geheimnisse mit ins Grab nahm. Ob sie an einen Gott glaubte, weiß ich nicht. Falls die schöne Vorstellung von einem friedlichen und dem ewigen Leben im Himmel wahr sein sollte, könnte es sein, dass sie nun herunterschaut von oben auf ihre Bilder in Jalta.

Auch einige Ausländer aus dem Westen, die auf der Krim wohnen, sind zur Eröffnung der Ausstellung gekommen. Sie unterhalten sich auf Englisch und erzählen, dass sich das russische Militär gestern aus Teilen der Region Cherson zurückgezogen habe. Die Verwaltung sei in einen Ort mit dem Namen Henitschesk verlegt worden. Das sei ein Ort im Südosten der Region Cherson, ziemlich nahe der Grenze zur Krim auf einem schmalen Landstreifen im Asowschen Meer. In den russischen Medien kann ich die Berichte über die Lage nur unzureichend verfolgen. Russisch kann ich kaum verstehen. Nur noch zwei Drittel der Region Cherson sei unter russischer Kontrolle, höre ich von verschiedenen Seiten.

„Brücken werden in der Vergangenheit gebaut und reichen in die Zukunft“, lautet die Bildunterschrift von Elisabeth zu dem Gemälde, das als Leitmotiv gilt für diese Ausstellung. Dem russischen Fernsehen gebe ich ein Interview und erzähle etwas über die Familiengeschichte von Elisabeth. Auf zwei Seiten kämpften die Mitglieder der Familie im Zweiten Weltkrieg. Der eine Teil für die Nazis auf Seiten der Deutschen. Der andere Teil auf der Seite der

Franzosen. Von den Familienstreitigkeiten abgesehen, konnten in Baden-Baden alle Nationalitäten friedlich leben. Davon künden die Werke von Elisabeth. Arglos hat meine Mutter alle zusammengeführt. Zar Alexander II., Napoleon Bonaparte, die Freiheitsstatue von New York, den russischen Doppeladler – alles vermengt mit ihrer deutsch-französischen Familiengeschichte. Bei dieser 30-Jahrfeier der Partnerschaft mit Baden-Baden bleiben die Offiziellen der Stadt Jalta ohne ein offizielles Zeichen aus dem Rathaus Baden-Baden. Auch der neue Baden-Badener Oberbürgermeister hält sich zurück. Kurz vor meiner Reise nach Moskau und Jalta hatte ich ihn davon in Kenntnis gesetzt über meine Reise. Wie seine Vorgänger riskiert er wenig. Man bewegt sich immer im Mainstream. Als die Zeichen aus Berlin auf Freundschaft standen, reisten die Stadtpolitiker gerne nach Jalta und Sotschi. Nun hat sich der Wind gedreht. Auch die deutschen Kommunalpolitiker sind linientreu, darin unterscheiden sie sich nicht von ihren russischen Kollegen. Ich gebe noch einige Interviews zur Ausstellung. Danach geht es zu einem Lunch. Etwa zwanzig Gäste sind geladen. Die Stimmung ist freundlich, aber jeder kennt die Lage. Wie lange die schöne Halbinsel in der Ungewissheit des nahen Krieges leben wird, weiß keiner. Auch nicht, ob der Krieg nach Jalta kommen wird.

❖

22:20 Uhr Am Abend schaue ich mir auf meinem Hotelzimmer die Berichterstattung des russischen Fernsehens zur Eröffnung der Ausstellung „To Bulid a Bridge“ an.

SAMSTAG, 12. NOVEMBER 2022

Nach Angaben der New York Times zeigen Satellitenbilder, dass die letzte Brücke über den Fluss Dnepr bei Cherson zerstört worden sei. Ob der Kachowka-Damm beschädigt ist, sei unklar berichtet die NYT.

Einer davon ist der Sammelfriedhof Sewastopol-Gontscharnoje.

Weitere Friedhöfe in der Ukraine (Stand: 12/2012):

KGF = Kriegsgefangenenfriedhof

Orte	Kriegstote
Charkow	44 926
Kiew	23 660
Kirowograd	20 051
Potelitsch	13 166
Shitomir	3 141
Bronniki	190
Saporoschje (KGF)	5 142
Donezk (KGF)	4 546
Odessa (KGF)	1 507
Slavuta (KGF)	1 646
Sambor (KGF)	1 167
Poltawa (KGF)	496
Kiew-Syrez (KGF)	300

10:54 Uhr Lubas Vater Valerij fährt zügig und lässt keine Gelegenheit für ein Überholmanöver ungenutzt. Die Straße entlang der Küste von Jalta nach Sewastopol ist kurvenreich und der Blick auf die Steilküste zum Schwarzen Meer hinunter verlangt Respekt ab bei der temparamentvollen Fahrweise von Valerij. Es ist ein schöner, sonniger Tag und das Schwarze Meer trägt eine tiefe, blaue Farbe. Zwei Stunden soll die Autoreise nach Sewastopol daueren, in die berühmte Stadt mit dem Kriegshafen der Schwarzmeerflotte.

Bald nachdem wir Jalta verlassen, taucht vor uns im Schwarzen Meer ein Berg auf, der in der deutschen Übersetzung den originellen Namen „Bärberg" trägt. Noch origineller ist die Legende, die Luba über den Berg erzählt. Dieser sei nicht immer ein Berg gewesen, sondern, wie man erahnen kann, war der Berg einmal ein Bär. Dieser Bär sei der Pflegevater eines Mädchens gewesen, das seine Eltern verloren hatte. Nachdem das Mädchen erwachsen geworden war, verliebte es sich in einen jungen Mann. Der Bär wollte das Mädchen aber nicht verlieren und verbot ihr den Umgang mit dem Geliebten. Das Liebespaar floh mit einem Boot hinaus auf das Meer. Der verzweifelte Vater Bär nahm alle seine Kräfte zusammen und saugte das Meer in sich hinein, um das Boot wieder zurückzuholen. Doch dabei habe er sich übernommen und verwandelte sich in einen Berg, der seitdem den Namen Bärberg trägt. Verbürgen kann ich mich nicht für die Genauigkeit der Geschichte.

❖

11:17 Uhr Schlachten, Kriege und die berühmte Schwarzmeerflotte. Auf der Straße H 19 kommen wir gut voran von der Badestadt Jalta in die Soldatenstadt Sewastopol. In jene Stadt, die so viele Kriege erleben musste. Alle waren dort im Laufe der Jahrhunderte.

Griechen, Römer, Tataren, Engländer, Franzosen und schließlich auch noch die Deutschen. Kaum eine halbe Stunde unterwegs legen wir einen Halt ein. „Da können Sie eine Kerze kaufen", zeigt Luba auf einen kleinen Verkaufsstand neben einer weißen, prächtigen Kirche. „Kirche zum Heiligen Michael", antwortet sie mir auf meine Frage nach dem Namen, vermutlich kennt sie alle Kirchen auf der ganzen Krim. Längst ist bei mir eine Art Prägung erfolgt für das Verhalten in einer russisch-orthodoxen Kirche. Ich kaufe eine Kerze für die Lebenden und eine Kerze für die Verstobenen, zünde sie an und stelle sie auf. In der Kirche treffen wir auf eine ältere Frau, die vielleicht so etwas ist wie ein Küster in einer katholischen Kirche. „Wir beten für Frieden", sagt sie während ich gerade ein Video aufnehme.

❖

13:02 Uhr Auf der Hauptstraße, die nach Sewastopol hineinführt, fallen mir gleich die blauen Oberleitungsbusse auf. Auch in meiner Heimatstadt Baden-Baden gehörten die sogenannten O-Busse bis in die siebziger Jahre hinein zum Stadtbild, bis die von der Oberleitung gespeisten Elektrobusse gegen Dieselbusse ausgetauscht wurden. Heute wissen wir, es war die falsche Richtung, um unsere Erde zu schonen. Später erfahre ich, dass die O-Busse in Sewastopol nur deshalb eingeführt wurden, weil die Deutschen bei ihrem Angriff auf die Krim 1941 und 1942 die damalige Straßenbahn und deren Gleise zerstörten. Der Wiederaufbau nach dem Zweiten Weltkrieg war dann nicht zu finanzieren in der zerstörten Stadt. Gemeinsam mit Luba, Valerij und Natalja mache ich mich zu Fuß auf den Weg Richtung Hafen. Die Stadt ist blitzblank sauber, was mir auch schon in Moskau aufgefallen war. An einem kleinen Kiosk machen wir halt, um einige Süßigkeiten zu kaufen. Auch deutsche Zeitschriften in russischer Sprache werden dort verkauft. Immer noch begehrt sind hier offenbar die Burda Moden, mit der Aenne Burda in den neunziger Jahren die Herzen und Nähmaschinen der modebewussten Frauen in den postsowjetischen Ländern eroberte.

❖

13:43 Uhr Kirchen und Kriegerdenkmäler säumen die Hauptstraße in Richtung Hafen, dem Flottenstützpunkt der russischen Marine. Die vielen Denkmäler sind genauso gut besucht wie die Kirchen. Beide weisen sich gegenseitig die Aufgabe zu, an die Kriege und die Folgen der Kriege zu erinnern. Die Denkmäler künden von den Taten der Generäle und Admirale. Die Kirchen trösten die trauernden Frauen, Mütter und Kinder. Mit Valerij und Natalja posiere ich unter einem blauen Himmel vor einem der vielen Denkmäler. „Das zerstörte Pompeji befindet sich in einem guten Zustand verglichen mit Sewastopol", schreibt Mark Twain in sein Tagebuch, als er die Stadt nach dem Krimkrieg besuchte. Russland hatte in Leo Tolstoi auch einen Chronisten, der in den Erzählungen Sewastopolskije rasskasy, Sewastopolsker das ganze Ausmaß des Grauens schildert. Eine Million Menschen sollen während des Krimkriegs um ihr Leben gekommen sein. Es gab viele Kriege auf und um die Krim, aber wenn man vom Krimkrieg spricht, meint man den Krieg von 1853 bis 1856. Briten, Franzosen und Osmanen, Christen und Muslime richteten die Kanonen gegen die Russen und die russisch-orthodoxen Christen. Neben dem Vorwand des Heiligen Krieges ist es bis heute die geopolitisch herausragende Lage der Krim, die den Krieg zum Begleiter der Halbinsel durch die Geschichte macht. Von hier aus werden wesentliche Teile des Schwarzen Meeres kontrolliert. Schon seit Ende des 18. Jahrhunderts liegen in Sewastopol russische, dann sowjetische und dann wieder russische Kriegsschiffe vor

Anker. Im Zweiten Weltkrieg galt Sewastopol als stärkste Festung der Welt. Für Hitler und seine Militärs kein Grund, die Stadt nicht anzugreifen. Zehntausende Menschen mussten sterben. Nach der erbarmungslosen Schlacht sollen im Juni 1942 nur neun Gebäude unbeschädigt geblieben sein. Heute teilt sich Russland gleich mit drei NATO-Staaten die Küste. Mit der Türkei, Rumänien und Bulgarien. Wie viele Kriegsschiffe hier liegen, darüber spekulieren die Experten, auch ob einige der angeblich 52 Atom-U-Boote im Kriegshafen von Sewastopol ihren Heimathafen haben. Nur wer die Krim und vor allem Sewastopol kontrolliert, kann die Schwarzmeerküste beherrschen. Bis zum Krieg gegen die Ukraine musste Russland mit der Ukraine Verträge für die Nutzung der Hafenanlage schließen und eine jährliche Pacht bezahlen, was mit Gasschulden verrechnet wurde. Bis 2042 sollte der Vertrag laufen, den der ukrainische Ex-Präsident Wiktor Janukowitsch einige Jahre vor der Besetzung der Krim in 2014 verlängert hatte. Im riesigen Russland ist es einer der wenigen Häfen, der auch im Winter eisfrei bleibt.

❖

14:11 Uhr Am Hafen angekommen sehen wir wieder ein Kriegerdenkmal. Gebaut mitten im Wasser gibt es dem Hafen einen Halt. Heute, am Samstag, bestimmen nicht die Kriegsschiffe und Soldaten, sondern die Tagestouristen das Bild, umkreist von schreienden Möwen. Wir schlendern umher, entlang an den Festigungsmauern und Souvenirläden. Friedlich sitzen meist ältere Angler in Reih und Glied auf grauen Holzbänken und halten ihre Angelruten ins Schwarze Meer. Auf der anderen Seite des Hafens sind Kriegsschiffe zu erkennen. Die vielen Kirchen und das viele Beten hat nichts geholfen. Wieder ist der Krieg nicht weit. Wir trinken in einem Restaurant einen Kaffee, dann verlassen wir den Hafen und die Stadt

Sewastopol. In zwanzig Kilometern wollen wir den deutschen Soldatenfriedhof besuchen.

❖

16:14 Uhr Wir sind in Gontscharnoje angekommen. Die Ortschaft gehört zur Region Sewastopol. Eine abgelegene, langgezogenen Straße führt hoch zum deutschen Soldatenfriedhof auf einem Hügel. Dort steht nur ein Auto. Mit ukrainischem Kennzeichen. „Gesamtbelegung: 24.827 Tote“, lese ich in einer Statistik. Deutsche Soldaten, die im Zweiten Weltkrieg in der südlichen Ukraine und auf der Krim ihr Leben verloren haben, liegen hier auf dem endlosen Gelände. Welch ein Irrsinn, muss jeder denken, der sich zwischen den riesigen Steinplatten bewegt. Auf Stelen sind dicht und eng die tausenden Namen der unglücklichen Soldaten zusammengedrängt aufgeschrieben. Aus einem kleinen Steinhäuschen kommt uns der Verwalter des Friedhofs entgegen, begleitet von einem kleinen Hund, der seine Pflicht tut und aufgebracht durch die Gegend bellt. Zunächst ist der Friedhofsverwalter skeptisch als er erfährt, dass ich aus dem Westen komme und will keine Bild- und Fotoaufnahmen erlauben. Wir sprechen miteinander. Verständigen kann ich mich nur mit Hilfe von Luba. Der Verwalter erzählt, dass wir seit Kriegsbeginn am 24. Februar die zweite Besuchergruppe seien. Aus Deutschland bin ich der erste Besucher der 24.827 toten deutschen Soldaten seit neun Monaten. In dem kleinen Verwaltungshäuschen stehen auf dem Schreibtisch zwei kleine Fähnchen. Die russische und die deutsche Trikolore. Daneben sind auf einem Regal, ganz formlos, was besonders berührt, persönliche Gegenstände von gefallenen deutschen Soldaten zu sehen. Eine Tube Zahnpasta, Schuhcreme, ein Helm mit einem Durchschuss, eine Glasflasche, in der ein Soldat eine letzte Botschaft auf ein Blatt Papier geschrieben hat. Ich trage mich in ein

Gästebuch ein und sehe, dass ich der erste Gast seit fast zehn Monaten bin und suche nach Worten für den Eintrag.

Mir fällt ein kleines Informationsblatt in die Hände. Darin sind die Kriegstoten auf der Krim und in der Ukraine aus dem Zweiten Weltkrieg aufgelistet, der in Russland und der Ukraine der „Große Vaterländische Krieg“ heißt.

Charkow:	44.926 Tote
Kiew:	23.660 Tote
Kirwograd:	20.051 Tote
Potelitsch:	13.166 Tote
Shitomir:	3.141 Tote
Saporoschje:	5.142 Tote
Donezk:	4.546 Tote
Odessa:	1.507 Tote

Die Liste ist noch lang.

In der Schlacht um die Krim vom 8. April bis zum 12. Mai 1944 eroberte die Rote Armee das Gebiet zurück. In der Ukraine starben während des Zweiten Weltkrieges und im Anschluss etwa 400.000 deutsche Soldaten. Man nimmt an, dass mehr als 60 Millionen Menschen im Zweiten Weltkrieg ums Leben gekommen sind, davon 27 Millionen Soldaten und Zivilisten der Sowjetunion.

SONNTAG, 13. NOVEMBER

In Cherson arbeiten regionale Behörden nach eigenen Angaben daran Wasser- und Stromversorgung wiederherzustellen, die nach deren Angaben vom russischen Militär vor ihrem Abzug zerstört worden sind. Die Stadt Bachmut ist erneut vom russischen Militär beschossen worden, teilt der ukrainische Generalstab mit. Von Vorstößen des russischen Militärs in Richtung Wuhledar, berichtet das Institute for the Study of War in Washington.

14
вагон
Поезд № 27/28
Москва
Симферополь

09:45 Uhr Vom Balkon meines Zimmers im Intertourist blicke ich nochmals hinaus auf das Schwarze Meer. Um 14.10 Uhr ist die Abfahrt mit dem Auto nach Simferopol geplant, dort dann mit dem Nachtzug zurück nach Moskau. Bevor ich mein Hotelzimmer verlasse, checke ich nochmal mein einfaches, aber effektives Equipment, das sich bewährt hat in den letzten acht Tagen. Inzwischen haben sich hunderte von Fotos und Videos inklusive Geodaten angesammelt. Noch einmal werfe ich einen Blick vom Balkon meines Hotelzimmers auf das Schwarze Meer vor Jalta und die blaue Meeresbucht. Auf diese schöne, von der Natur so begünstige Halbinsel, die so viele Kriege erleben musste und auch in unserer Zeit nicht zur Ruhe kommen kann.

❖

14:22 Uhr Die Hotelhalle ist voll mit anreisenden und abreisenden Hotelgästen. Jeder Abschied ist auch ein kleiner Tod. Gerade hatte ich mich an dieses riesige Hotel gewöhnt. Eine seltsame Mischung aus westlichem Komfort und postkommunistischen Eigentümlichkeiten. Quasi eine Symbiose aus Kapitalismus und einer untergegangenen politischen Idee.

Nach knapp zwei Stunden Fahrt erreichen wir die Hauptstadt der Krim und besuchen dort noch einmal eine Kirche. Vermutlich habe ich in meinem Leben noch nie in einer so kurzen Zeit so viele Kirchen besucht wie in diesen fünf Tagen auf der Krim. In Jalta, Simferopol und Sewastopol.

❖

16:39 Uhr Ein Sicherheitsbeamter empfängt uns vor dem Nachtzug am Bahnhof in Simferopol und überprüft mit strengem Blick die Ausweis- und Reisepapiere. Das gleiche

Procedere wie bei der Hinfahrt von Moskau auf die Krim. Nun liegen wieder fast 30 Stunden Fahrt vor uns. „Grand Service Express“ steht in großen Lettern auf dem in Rot und Silber lackierten, langen Zug. Dieser ist doppelstöckig und die Wagen sind viel moderner als bei der Hinfahrt. Die Sonne geht langsam unter auf der Krim und der Zug ruckelt los in Richtung Norden. Auf einer Tafel im Grand Service Express stehen die Stationen, die vor uns liegen. Kertsch, Taman, Timaschewsk, Rostow am Don, Rossosch, Woronej, Rjazan, Moscow.

❖

18:35 Uhr Noch befindet sich der „Grand Service Express“ auf der Krim. Wir stehen in einem kleinen Bahnhof oder auf freier Strecke, das überblicke ich gerade nicht. Jedenfalls steht der Zug. Ich schaue auf unseren Standort in Google Maps, danach befinden wir uns im Dzhankoi District. Die Schreibweise der Ortsbezeichnungen ist im Englischen unterschiedlich zur deutschen Übersetzung. Cherson schreiben die Amerikaner mit dem Anfangsbuchstaben K, also Kherson. Die gerade von den Ukrainern wieder eingenommene Stadt liegt nordwestlich von unserem Standort. Vielleicht, ein, zwei Autostunden entfernt. Auf dem Durchgangskorridor in der Nähe unseres Abteils plaudere ich mit einem Fahrgast, der von Simferopol nach Rostow am Don reist, wie ich von ihm erfahre, nachdem ich ihn angesprochen habe. Es würden hier eine größere Zahl von neuen Fahrgästen zusteigen, die Cherson hätten verlassen müssen, erzählt er mir in ganz gutem Englisch. Vom Bahnpersonal habe er das erfahren. Ich frage ihn, ob er denn weiß wie es an der Front stehe. Die Ukraine würde mit Panzern aus dem Westen nun auch andere Ortschaften angreifen, nicht nur Cherson. Von Angriffen in der Region Saporischschja habe er gehört. Auch Melitopol, nicht weit vom Asowschen Meer, soll angeblich angegriffen werden.

Mit dem großzügigen Raumangebot in unserem Coupé ist es vorbei. Ein bärtiger, stämmiger Mann schiebt die Tür auf, gefolgt von einem ebenfalls bärtigen, aber schlanken Begleiter. Eine südländische Erscheinung würde es in Deutschland in einem Polizeibericht heißen. Beide haben viel Gepäck dabei und wuchten es auf die beiden oben liegenden freien Schlafplätze in dem für vier Fahrgäste ausgelegten Coupé. „Do you speak Englisch?", frage ich. „Yes" antwortet der stämmige neue Mitbewohner. „I'm Christian", stelle ich mich vor und überspiele, dass es mir lieber gewesen wäre, nicht in einem ausgebuchten Abteil zu reisen. Doch bald stellt sich heraus, dass die beiden neuen Fahr- und Übernachtungsgäste für viel Abwechslung sorgen würden. „I'm Achmed", stellt sich der stämmige Wortführer vor, der auch deshalb das Wort führt, weil sein Begleiter kein Englisch spricht, sich aber dann als Mohammed vorstellt. Beide stammen aus Kairo. Ahmed erzählt seine abenteuerliche Geschichte in nicht perfektem, ab gut verständlichem Englisch. „We come from Kherson" and „we're Siemens" und sie hätten wegen des Krieges die Stadt verlassen müssen. Bis zum „Grand Service Express" haben sie sich irgendwie durchgeschlagen. „They say to all workers bye-bye", erzählt Achmed und schildert von den Stunden, als die Russen die Stadt verließen und Ukrainer das Kommando in Cherson übernahmen. Es habe kein Licht, kein Wasser mehr gegeben. Das Internet habe auch nicht mehr funktioniert. Die Unternehmensleitung habe allen Mitarbeitern mitgeteilt, dass der Betrieb eingestellt sei. Es ist nicht herauszufinden, welchen Geschäften Siemens in Cherson nachging. Ahmed konnte darüber nichts mitteilen, er habe ja in der Küche gearbeitet. Vor zehn Monaten sei er als Koch angeworben worden. Mohammed sei von Beruf Schlosser, was ihm auch einen Vertrag bei Siemens in Cherson einbracht habe. Inzwischen hat sich der Nachtzug wieder in Bewegung gesetzt. Vielleicht so etwa zwanzig Flüchtlinge aus Cherson hätten sich bis auf die Krim durchgeschlagen und mit ihnen zusammen den Zug nach Moskau bestiegen, erzählt Ahmed. Überwiegend Gastarbeiter, die im Laufe des Jahres in Cherson angeworben worden seien. Ein Teil seien Ägypter, wie Ahmed und Mohamed, andere seien aus Palästina, Syrien, dem Irak oder anderen Ländern im Mittleren Osten gekommen. An allem scheint es in Cherson zu fehlen, nicht aber an Zigaretten. Ziemlich verzweifelt waren unsere beiden neuen Mitreisenden über den Umstand, dass es im „Grand Service Express“ keine Gelegenheit gibt, um eine Zigarette zu rauchen. Im Stundentakt verschwinden die beiden aber, vermutlich haben sie irgendeinen Ort im Nachtzug gefunden, um ihrer Leidenschaft nachzugehen. Bald erreichen wir Kertsch, die Krim-Brücke und Taman. Dort endet dann mein nach ukrainischer Auffassung illegaler Aufenthalt auf der Krim. Wir haben noch 27 Stunden Fahrt vor uns.

❖

21:51 Uhr Interview mit Luba. Ich zeichne mit dem iPhone ein acht Minuten dauerndes Gespräch über die Zeit auf, als die politischen Unruhen in der Ukraine größer wurden und schließlich zur Annexion der Krim durch Russland führten. Luba stört es schon lange nicht mehr, dass ich ständig alles mit meinen zwei iPhones mit Videos und Fotos dokumentiere.

Luba steht mit dem Verlauf ihres Lebens stellvertretend für viele Menschen, die auf der Krim leben. Sie studierte in Kiew. Sie war Ukrainerin. Sie ist nun überzeugte und stolze Russin. Bestimmte Fragen stelle ich Luba nicht. Dazu gehört die Frage, ob Wladimir Putin mit seinem Angriff auf die Ukraine überreizt hat. Anfang der 2000er Jahre hatte sie in Baden-Baden die Städtepartnerschaft begleitet und über die ganzen Jahre, dann auch als Stadträtin von Jalta einen regen Kontakt nach Baden-Baden gepflegt. Bis 2014. Nun ist sie nicht mehr willkommen in Baden-Baden. Wir sprechen über die Zeit vor 2014. Ihre Erlebnisse in Kiew auf dem Majdan. Hunderttausende von Menschen hatten auf dem Majdan Nesaleschnosti, zu Deutsch „Platz der Unabhängigkeit", die Amtsenthebung von Präsident Viktor Janukowytsch, neue Präsidentschaftswahlen und die Unterzeichnung des Assoziierungsabkommens mit der EU gefordert. Zuviel für Russland. Ende Februar besetzten sie die Krim mit den sogenannten „grünen Männchen". Soldaten des russischen Militärs ohne Hoheitszeichen. Seit 1954 gehörte die Krim – nach dem berühmten Geschenk von Chruschtschow – zur Ukraine, was in Zeiten der Sowjetunion geopolitisch nicht viel bedeutete. Auch nicht, solange die Ukraine in der postsowjetischen Zeit treu zu Moskau stand. Die Kontrolle über den einzig eisfreien russischen Militärhafen Sewastopol war immer die rote Linie. Diese Statik brach zusammen mit den Protesten auf dem Majdan und der Flucht von Janukowytsch unter den Schutz von Moskau. Die Russisch sprechenden Einwohner der Krim haben wohl mehrheitlich die neue russische Identität gerne angenommen. Wie Luba. Nach ihren Erzählungen verlief die Übernahme von Jalta unspektakulär. Die meisten Gewählten und Mitarbeiter des Rathauses hätten wie gewohnt weitergearbeitet.

Auf eine andere Gesinnung trafen die russischen Soldaten bei ihrem Angriff auf die Ukraine am 24. Februar 2022. Was auch geschieht in diesem Krieg, die rote Linie bleibt die Krim mit dem Militärhafen Sewastopol. Die Einwohner der Krim stehen nach meinem Eindruck mehrheitlich so patriotisch zu Russland wie die Ukrainer zur Ukraine stehen.

❖

22:16 Uhr Wir sind in der kleinen, aber berühmten Stadt Taman angekommen. Auch auf der Rückreise führt kein

Weg an diesem Ort vorbei. Taman ist auch der Name der kleinen Halbinsel, auf der die kleine Stadt auf russischer Seite liegt. Die Halbinsel Krim wiederum endet in Richtung Russland ebenfalls mit der kleinen Halbinsel Kertsch, auf der die auch bekannte Stadt mit gleichem Namen liegt. Überhaupt wimmelt es hier in dieser Region von Asowschem Meer und Schwarzem Meer von vielen geografischen Ausformungen von Halbinseln sowie kleinen und größeren Inseln. Im Abteil ist das schummrige Schlaflicht eingestellt. Mit den beiden Ägyptern hatte ich mich fast schon angefreundet in den wenigen Stunden. Doch mit der Nachtruhe wird die wachsende Sympathie mit Ahmed und Mohamad auf eine ernste Bewährungsprobe gestellt. Beide schnarchen in der oberen Etage des Coupés um die Wette. Ich schreibe einige WhatsApp-Nachrichten, die nicht online gehen, da es kein Netz gibt fern von Moskau oder einer anderen größeren Stadt. Ich lese einige E-Mails und News, die ich schon im Laufe des Tages empfangen hatte. An eine baldige Nachtruhe ist für mich in Anbetracht der schnarchenden Ägypter nicht zu denken.

MONTAG, 14. NOVEMBER

Der ukrainische Präsident Selenskyj besucht die zurückeroberte Stadt Cherson. Nach Angaben der ukrainischen Regierung wurden seit September zwölf Siedlungen in der Region Luhansk zurückerobert. Zuletzt am Sonntag Makiivka, erklären ukrainische Behörden. Das russische Militär habe heute mehrere Orte in der Region Sumy beschossen, darunter Vovkivka, erklärte der ukrainische Generalstab.

WC

2:26 Uhr Inzwischen ist es nach Mitternacht. Seit Stunden versuche ich vergeblich einzuschlafen. In unserem Coupé wird weiter um die Wette geschnarcht. Ahmed schnarcht unentwegt. Mohamed legt gelegentliche Pausen ein, wacht immer wieder einmal auf und schimpft dann wegen des schnarchenden Ahmed. In seiner Landessprache versucht er auf seinen Kollegen einzuwirken, der sich davon aber nur für einige Minuten von seinem nächtlichen Konzert abbringen lässt.

Ich suche die Toilette auf, nur aus dem einen Grunde, um etwas Abwechslung in die lange, wache Nacht zu bringen. Der „Grand Service Express" fährt derweil mit immer gleichen rhythmischen Geräuschen weiter gen Moskau. An der Schnarch-Front ändert sich nichts und es bleibt bei einer schlaflosen Nacht.

❖

8:30 Uhr Zum Frühstück bringt der Steward im „Grand Service Express" eine große Portion Porridge. Nach der fast schlaflosen Nacht mag ich keinen Brei, trinke einen Kaffee, um wach zu werden, obwohl ich ja gar nicht geschlafen habe. In den Gängen des „Grand Service Express" stehen Passagiere mit Bechern mit Kaffee oder Tee in der Hand. Manche in Gruppen, manche alleine, schauen aus dem Fenster oder unterhalten sich. Mit einem ungefähr 40jährigen Russen komme ich ins Gespräch, wir beide auch mit einem Kaffeebecher in der Hand. Er ist verwundert, dass ich als Deutscher in Russland unterwegs bin. Er wohnt auf der Krim und arbeitet in Moskau. Wir reden über die aktuelle Kriegssituation. Und über Cherson. Er hat Sorgen, dass die Deutschen und Amerikaner immer mehr Panzer und andere Waffen liefern. Ich frage, was er meint wie denn alles ausgeht. Es wird sehr lange dauern, meint er. „Nicht so lange wie Afghanistan, aber sehr lange." Mindestens noch fünf Jahre, meint er. Sein Präsident Putin habe die Krim zu Recht zurückgeholt. Die meisten Menschen auf der Krim würden Russisch sprechen und russisch denken. Beim Angriff auf die Ukraine hätten „ihn“ die Generäle aber falsch beraten.

Im Coupé zurück schnarcht dort niemand und ich schaffe es tatsächlich doch noch einzuschlafen.

❖

13:05 Uhr Die lange Reise verläuft fast auf die Minute pünktlich nach Fahrplan, eine deutsche Tugend, mit der sich die Deutsche Bahn seit einiger Zeit schwertut. In acht Stunden sollen wir am Kasaner Bahnhof in Moskau ankommen. Heute schlagen die Wellen hoch in Russland. Nach einer Meldung von AP soll der russische Außenminister Lawrow in eine Klinik eingeliefert worden sein. Die russischen Medien berichten, dass das Außenministerium dies dementiert und als Fake erklärt. So sausen die Nachrichten schnell um die Welt und erreichen einem auch in diesem Zug, wo wir auf schätzungsweise vier Quadratmetern zu viert – zwei Ägypter, eine Russin, die mal Ukrainerin war, und ein Deutscher – aus unterschiedlichen Gründen nach Moskau reisen. Wir essen gekochte Eier und Tomaten. Nur schwer vorstellen kann ich mir, dass ich schon morgen im Flieger nach Istanbul sitze. Aus der türkischen Stadt gibt es heute auch traurige Nachrichten. Ein Anschlag, eine Explosion mit sechs Toten. Nun bleiben noch einige Stunden im Grand Service Express, um die verpatzte Nachtruhe nachzuholen.

❖

20:55 Uhr Die lange Reise geht zu Ende, wir sind in Moskau angekommen, es dauert vielleicht noch fünf Minuten, wir rollen langsam im Bahnhof Kasan ein. „Ich danke Gott“, das bedeutet der Name Ahmed. Das erfahre ich in Russland, im Nachtzug von Simferopol nach Moskau. Ahmed hatte mir auch von dem neuen modernen Kairo erzählt, das in den letzten Jahren entstanden ist. Dorthin wollen die beide wieder zurück. Vielleicht haben sich beide bei Allah bedankt, dass sie die vergangenen Monate schadlos überstanden haben. Auch Mohamed und Ahmed haben alles gepackt, stehen im Gang des Zuges mit ihren großen Koffern. Fast ein Jahr haben sie in der umkämpften Stadt Cherson verbracht. Luba hat für die beiden die Adresse der ägyptischen Botschaft in Moskau recherchiert. Ahmed und Mohamed brauchen jetzt nach ihrer abenteuerlichen Reise von Cherson nach Moskau die Hilfe der Botschaft und ein Flugticket. Morgen oder übermorgen soll es weitergehen, zurück in ihre Heimatstadt Kairo. Wir stehen gemeinsam in einer langen Schlange im Gang des Zuges etwa zehn Meter auseinander und winken uns zu. Ein bisschen Wehmut ist dabei als sich die Gruppe auflöst. Es war eine kleine Schicksalsgemeinschaft für fast 30 Stunden. Draußen auf dem Bahnsteig strömen die Hunderte von Passagieren zum Bahnhof, um sich in der großen Stadt zu verteilen. Mein Weg führt in ein amerikanisches Hotel. Das Sheraton in Moskau.

❖

21:50 Uhr „Wenn Sie wissen wollen, ob Ihre Gesprächspartner wichtig sind oder nicht, dann schauen Sie einfach in die Sanktionsliste der USA." Gleich in der Hotelhalle gab mir einer der Teilnehmer der Krim-Konferenz lachend diesen Hinweis für meine Termine in Moskau. Im Pressezentrum des Außenministeriums der Russischen Föderation findet morgen früh das internationale Forum „Freunde der Krim – Freunde Russlands" statt.

Als Teilnehmer einer Diskussionsplattform werden „Politikwissenschaftler, Persönlichkeiten des öffentlichen

Lebens, Medienvertreter aus mehr als 30 Ländern der Welt" angekündigt.

Es gehe um die „Unabhängigkeit von der von den Vereinigten Staaten auferlegten imperialistischen Außenkontrolle, dem Wiedererstarken von Rassismus und Nationalsozialismus in Europa und der Ablehnung der neokolonialen Politik der NATO-EU-Achse des Bösen", lese ich später in einer Erklärung zu der Veranstaltung.

Das internationale Forum sei vom „stellvertretenden Vorsitzenden des Ministerrates der Republik Krim und Ständiger Vertreter der Republik Krim unter dem Präsidenten der Russischen Föderation, Georgij Muradov schon 2017 ins Leben gerufen" worden, heißt es in den Verlautbarungen aus Moskau zu der Konferenz. Auch Außenministers Sergej Lavrov lässt Grüße an die Teilnehmer verlesen. „Die Fortführung internationaler Kontakte, zum Beispiel, die Freundschaft mit Baden-Baden" seien das Ziel für die von vielen westlichen Ländern isolierte Krim.

Eine Einladung zu der Diskussion heute kann ich nicht annehmen. Um 13:04 Uhr ist Boarding für meinen Flug nach Istanbul. Nach meiner Rückkehr nach Deutschland werde ich mich um ein Interview mit Georgij Muradov bemühen. In den westlichen Medien sind ausführliche Interviews mit russischen Politikern in diesen Zeiten eine Seltenheit. Ich weiß nicht, ob es an der fehlenden Bereitschaft in Moskau liegt oder an den fehlenden Anfragen für Interviews. Ich würde ihm die Frage stellen, wie die Formalitäten für Friedensverhandlungen aussehen sollten. Nur die Russen mit den Ukrainern? Ober wer sollte noch am Verhandlungstisch sitzen?

Der ständige Vertreter der Krim beim Präsidenten ist aus Sicht der Ukraine illegal in seinem Amt. Er ist promovierter Historiker, war viele Jahre als Diplomat tätig und steht auf der Sanktionsliste der EU.

DIENSTAG, 15. NOVEMBER

Wegen Luftangriffen habe die Hälfte der Einwohner in Kiew heute keinen Strom. Mehrere ukrainische Städte seien von Raketen getroffen worden, berichten ukrainische Behörden. Auch Charkiw sei getroffen worden, meldet der Bürgermeister der Stadt. Russland zieht sich offenbar vom Kachowa-Staudamm zurück, berichtet eine Sprecherin des ukrainischen Militärs.

Ein Reinigungsroboter fährt hier gegenüber dem Hotel Sheraton den Gehsteig entlang.

Moskauer Deutsche Zeitung
UNABHÄNGIGE ZEITUNG FÜR POLITIK, WIRTSCHAFT UND KULTUR • GEGRÜNDET 1870
FREMDKÖRPER
06
BESTANDTEIL
11
СОЛОМА И КРУЖЕВА
IV
STICHWORTE
Mut zum Tanz
Gesetze der Kriegszeiten
Beschäftigung für Schwerverbrecher, Geld für Freiwillige

UNGA CALLS FOR RUSSIA TO PAY WAR REPARATIONS TO UKRAINE
The UN General Assembly passed a resolution on Monday calling for Russia to pay reparations to Ukraine over the war Moscow launched on its neighbor in February.
www.anews.com.tr

09:45 Uhr Ein kleiner, weißer Reinigungs-Roboter saust über den Gehweg. Ihn sehe ich auf der gegenüberliegenden Straßenseite beim Blick durch mein Zimmerfenster im Sheraton. Die Stadtverwaltung der russischen Hauptstadt zieht alle Register für die Sauberkeit von Moskau. Alles ist blitzblank, soweit ich es sehe. Vielleicht auch eine Idee für meine Heimatstadt. Auf eine redaktionelle Anfrage, ob man den Klagen über mangelnde Sauberkeit im öffentlichen Raum mit einem Reinigungsplan entgegentreten könnte, antwortete das Rathaus vor einiger Zeit abschlägig mit Hinweis auf Personalausfälle und anderen Gründen. Vielleicht könnten einige Roboter weiterhelfen.

Nach zwei baked fried eggs und einem Kaffee wartet Luba schon in der Hotelhalle des Sheraton. Es geht zum Flughafen Wnukowo.

Georgij Muradov eröffnet heute Vormittag die Krim-Konferenz in Moskau. Als ständiger Vertreter der Krim beim Präsidenten steht er im Fokus und ist für die Ukraine ein rotes Tuch und illegal in diesem Amt. Auf der EU-Sanktionsliste hat Georgij Muradov einen sicheren Platz. Eine Einladung zu dieser Konferenz hätte ich dennoch gerne angenommen und über die Positionen Russlands berichtet. Während der Eröffnung im Außenministerium bin ich aber schon auf dem Weg zum Flughafen.

❖

11.00 Uhr Gedränge und lange Warteschlangen bleiben in diesen Kriegszeiten den Reisenden erspart. Im Abflugterminal ist die Atmosphäre entspannt. Auf der großen elektronischen Anzeigetafel im Abflugterminal im Flughafen Wnukowo sehe ich keine westlichen Destinationen, die auf der Tafel aufgeführt sind, wenn man Istanbul und Antalya nicht hinzurechnet. Dubai, Minsk, Yerivan, Hurghada, Nur-Sultan, Samarkand, Baku, Baghdad, Almaty stehen neben den Zielen in der Türkei zum Angebot der Fluglinien aus Moskau.

Bis zum Abflug nach Istanbul bleibt noch einige Zeit. Im Terminal fällt mir die „Moskauer Deutsche Zeitung" in die Hände, eine Zeitung in deutscher Sprache. Kostenlos liegt das Blatt im Abflugterminal aus. Viellcicht gibt es interessierte Russen, die Deutsch sprechen. Viele Deutsche gibt es nicht in Moskau, die auf die Zeitung aufmerksam werden können. Auf dem Titel steht zur Geschichte der Zeitung: „Gegründet 1870." Über eine besondere Form der Rekrutierung für Soldaten wird berichtet. In der Headline heißt es: „Beschäftigung für Schwerverbrecher, Geld für Freiwillige." Im Bericht heißt es: „Zwei gesetzliche Neuerungen, welche die Mobilmachung regeln, haben von sich reden gemacht, aber man fragte sich ‚wem nützt das?'", kritisiert die Moskauer Zeitung die Entscheidungen der Regierung oder der gesetzgebenden Gremien. Im Bericht heißt es: „Der russische Staatschef Wladimir Putin hat eine Gesetzesänderung unterzeichnet, die es ermöglicht, Schwerverbrecher zu rekrutieren. Dabei dürfen nicht alle Verurteilten mit ungelöschten Vorstrafen an die Front. Die Änderungen betreffen Personen, die wegen sexuellen Missbrauchs von Kindern, terroristischer Tätigkeit oder Spionage verurteilt worden sind". So endet mein Aufenthalt in Moskau mit der Ausgabe vom 9. November der Deutschen Moskauer Zeitung, von der ich bisher noch nichts gehört hatte.

❖

13.05 Uhr Vertreter des russischen und ukrainischen Militärs treffen sich auch in der Türkei, um über die Transportbedingungen der Weizenschiffe und über den Austausch von Gefangenen zu verhandeln, erfahre ich von Juri, einem Shopping-Touristen, der auch nach Istanbul fliegt.

Wenn die Militärs miteinander reden, warum machen die

Politiker und Diplomaten ihre Arbeit nicht, fragen wir uns. Und wie vermutlich bei allen Kriegen, halten die Politiker und Generäle die Diplomaten von ihrer Arbeit ab.

„Was meinen Sie, wenn auf der russischen Seite zehn Witwen und auf der ukrainischen Seite zehn Waisen am Verhandlungstisch sitzen würden, wäre der Krieg dann bald beendet?", fragt er mich. In Istanbul geht Juri einkaufen.

❖

18.00 Uhr Die Generalversammlung der Vereinten Nationen möchte, dass Russland Reparationen an die Ukraine bezahlt. „UNGA CALLS FOR RUSSIA TO PAY WAR REPARATIONS TO UKRAINE", steht in großen Lettern auf einer elektronischen News-Tafel im Istanbul Airport.

„The UN General Assembly passed a resolution on Monday calling for Russia to pay reparation to Ukraine over the war Moscow launched on its on February." Mit diesem Verhandlungsziel wird sich eine russische Delegation kaum an einen Verhandlungstisch bewegen.

Aber was ist denn die Voraussetzung für den notwendigen Weg zum Verhandlungstisch? „Diplomaten sollten fähig sein, Verständnis für die Interessenlage und Perzeption des Verhandlungspartners zu entwickeln und ihn unter Achtung seiner essentiellen Interessen für die eigene Position zu gewinnen", heißt es an einer Stelle und „tragfähige Lösungen lassen sich nur erreichen, wenn beide Parteien ihr Gesicht wahren können", hatte ich bei Recherchen vor meinem Besuch in der Diplomatischen Akademie in einem Handbuch für die Diplomatenausbildung gelesen. Und die Ausgangslage?

Plan A konnte Wladimir Putin nicht erreichen. Die Eroberung von Kiew und dort die Kontrolle durch die Einsetzung einer gefügigen Regierung ist in weiter Ferne. Zu lange hatte sich die Bevölkerung in der Ukraine schon an einer Demokratie nach westlichem Muster und dem westlichen Wohlstand orientiert. Auch von den Defiziten seines Militärs hat Wladimir Putin wohl von seinen Generälen zu wenig erfahren. Nun bleibt wohl nur der Plan B. Das ist die Kontrolle über die Krim, von dort den Landweg nach Russland sichern und den Donbas im russischen Einfluss halten.

❖

Es ist **19:03 Uhr** am Airport in Istanbul und ich warte auf die Bekanntgabe des Gates, von dem wir um 19:30 Uhr wegfliegen. Tausende von Menschen sind unterwegs an diesem internationalen Drehkreuz zwischen Orient und Okzident. Das nun aber auch zum Drehkreuz zwischen dem politischen Osten und Westen geworden ist. Ein gigantischer Airport, den Präsident Erdogan bauen ließ. Und da kommt einem so in den Sinn: Wie soll das denn funktionieren mit dem Stopp der Klimaerwärmung? Alles immer größer und energieintensiver. Alle stolzen Länder eifern den großen Metropolen der wesentlichen Welt nach, wie auch die Türkei. Allen voran die Chinesen, sie bauen gigantische Flughäfen für die 1,4 Milliarden Menschen. Auch aufstrebende Nationen wollen so leben wie wir im Westen. Wer will es ihnen verdenken.

❖

22:00 Uhr Durch den Zeitgewinn lande ich gegen 22 Uhr in Frankfurt. Ein bisschen durchatmen kann ich schon nach den langen Reisen. Mir kommen einige Höhepunkte in den Sinn. Die Eindrücke im gehegten und gepflegten Moskau. Das Zusammentreffen mit den angehenden, jungen Diplomaten in der Akademie im Außenministerium. Die endlosen Fahrten im Nachtzug. Die Geschichte der Ägypter Achmed und Mohamed aus Cherson. Das schöne

Jalta, das wieder im Fokus der Weltpolitik steht. Die Bilder meiner Mutter Elisabeth an der Uferpromenade am Schwarzen Meer. Der Besuch auf dem Soldatenfriedhof in Sewastopol, wo tausende Deutsche begraben sind. Es wird einiges zum Nachdenken und Einordnen geben in diesen Zeiten, in denen sich Europa und Russland so weit voneinander entfernt haben. Meine Mutter Elisabeth würde nun wieder korrigieren. „Es gibt nicht Europa und Russland." „Russland gehört zu Europa." Das sehen die meisten Regierungen in Europa inzwischen anders. Die restriktiven Maßnahmen der EU zeigen Wirkung. Zu den diplomatischen Maßnahmen gehören der Ausschluss Russlands aus der G8, der Abbruch der Verhandlungen über einen Beitritt Russlands zur Organisation für wirtschaftliche Zusammenarbeit und Entwicklung und zur Internationalen Energie-Agentur. Die regelmäßigen bilateralen Gipfeltreffen zwischen der EU und Russland sind ausgesetzt. Auch die auf dem Gipfeltreffen von 2003 in Sankt Petersburg zwischen die EU und Russland intensivierte Zusammenarbeit ist dahin. Damals wurden sogenannte „Gemeinsame Räume" geschaffen. Ein Raum der Wirtschaft, ein Raum der Freiheit, der Sicherheit und des Rechts, ein Raum für äußere Sicherheit und ein Raum der Forschung, Bildung und Kultur. Alles ist nun dahin.

Ich habe viele Menschen kennengelernt in diesen zehn Tagen in Russland und auf der Krim. Manche für wenige Minuten. Manche für einige Tage. Wahrheiten, Widersprüche, Befürchtungen, Hoffnungen. Mit einer Wahrheit bin ich zu dieser Reise aufgebrochen, mit 100 Wahrheiten bin ich zurückgekehrt. Mir fällt für die Zukunft nichts anderes ein als wieder von vorne zu beginnen für eine Annäherung von Deutschland und Russland. Eine Art KSZE vielleicht. Und Willy Brandts und Egon Bahrs Leitgedanken zur Ostpolitik im Kalten Krieg. Das Erkennen des richtigen Augenblicks von Helmut Kohl und das Geschick von Hans Dietrich Genscher. Vielleicht wird es wieder Jahrzehnte dauern.

❖

Konferenz über Sicherheit und Zusammenarbeit, KSZE: Nach Verhandlungen in Genf, die zwei Jahre dauerten wurde die Schlussakte am 1. August 1975 in Helsinki unterschrieben. Die unterzeichneten Staaten verpflichteten sich in diesem Letter of Intend zur Unverletzlichkeit der Grenzen, zur friedlichen Regelung von Streitfällen, zur Nichteinmischung in die inneren Angelegenheiten anderer Staaten und zur Wahrung der Menschenrechte und Grundfreiheiten. Außerdem wird die Zusammenarbeit in den Bereichen Wirtschaft, Wissenschaft und Umwelt vereinbart. An der Konferenz hatten sieben Staaten des Warschauer Paktes, 15 NATO-Staaten teilgenommen. Die Beteiligung der USA und Kanadas erfolgte auf Wunsch der EU. Quelle: Das Bundesarchiv

Ende

ANHANG

France, Paris, 14 Avenue de l'Opera, 75001
Ukraine, Kyiv, 56 Kharkivske highroad, 02175

11.11.2022 № 511/2022

To Authorised Authorities of Germany, Baden-Baden State Government and Municipal Council of Baden-Baden

Illegal Visit of Baden-Baden Journalist to Russia-Occupied Crimea and Russian Terroristic Activities in Ukraine

Our Association of Reintegration of Crimea (ARC), is non-governmental expert and human rights organisation, our expert researches are related with human rights and humanitarian issues, including indigenous rights, fundamental rights, informational rights, right to development, also as with issues of the transitional justice for Crimean peninsula, with relevant humanitarian, informational, economic, social and financial impacts.

Our experts researched the issues of terroristic aspects of the Russian aggression against Ukraine, including activities of Russia-financed and Russian-controlled activities of terroristic groups on the Russia-occupied territories.

As it is known from open sources, available in Internet, the German citizen, Christian Frietsch, the redactor of media „Goodnews4 Baden-Baden" visited illegally the Russia-occupied Crimea, including Yalta town, in November, 2022.

During such visit, broadly reflected in the Russia-controlled fake and propagandistic „official media" Mr. Frietsch met with so-called „head of Yalta administration" Yanina Pavlenko and with so-called „head of city council" Constantin Shymonovskyy.

Mr. Frietsch also made some illegal statements, de-facto supporting the attempted „annexation" of Crimea by Russia and opened the provocative public exhibition with illegal provocative name „30 years of friendship between Yalta and Baden-Baden. Building bridges of Friendship between Russia and Europe“.

Let us remind You, that illegal occupation and attempted annexation of Crimea by Russia since 2014, as a part of Russian-Ukrainian interstate conflict, changed the situation in the region. Systematic gross violations of the human rights and humanitarian standards, were committed in last eight years by Russia in the Crimea, were condemned by the UN GA resolutions, resolutions of the OSCE Parliamentary Assembly, of the PACE, of the European Parliament's resolutions etc. Gross human rights' violations, including children rights' violations, correlated with crimes against humanity in the Crimea and racial discrimination in the region are now subject to consideration in International Court of Justice (case 166) and the European Court of Human Rights (case 20958/14 and others).

UN GA Resolution 76/179 on 16 December 2021 condemned the reported serious violations and abuses committed by Russia against residents of the Crimea, in particular – extrajudicial killings, abductions, enforced disappearances, politically motivated prosecutions, discrimination, harassment, intimidation, violence, including sexual violence, arbitrary detentions and arrests, torture and ill-treatment, as well as reported abuses of other fundamental freedoms.

Russia-occupied Yalta city, where Mr. Frietsch held above-pointed illegal activities, is the native area for indigenous Crimean Tatar people.

In 1944, Crimean Tatars fell victims of genocide (forced deportation) under the control of the Soviet authorities. In the Soviet period since 1967, the USSR state authorities refused to recognize of Crimean Tatars as separate ethnic group, they were determined as „Tatars“, as the part of undetermined Tatar population of the USSR. Up until

1987-1989, the Crimean Tatars were not allowed by Soviet authorities to resettle back to the Crimea as their historic native land from the Soviet-controlled Central Asian regions. Till 2014, Ukraine allocated budget costs to support the municipal infrastructure in Crimean Tatar settlements, including primary schools and cultural institutions.

Despite the collapse the USSR Russia preserved its military bases in the Crimea for the Russian Black Sea Fleet location, in Sevastopol, Feodosiya, Dzhankoy, Gvardeyske, Yevpatoria, Yalta etc. In 2006 our experts reported on issues of militarization the Crimea by Soviet and Russian army and fleet on the session of UN Working Group on Indigenous Population.

The illegal occupation and attempted annexation of the Crimea, motherland for the Indigenous Crimean Tatar People by Russia since 2014 have been condemned in a set of international acts, including above-pointed UN GA resolutions, resolutions of the OSCE Parliamentary Assembly, of the Parliamentary Assembly of the Council of Europe, of the European Parliament's resolutions etc.

After the occupation of Crimea in 2014, Russia, in violation of the requirements of Article 64 of the Convention relative to the Protection of Civilian Persons in Time of War 1949, extended the action of its own criminal legislation and legislation on administrative offenses to the occupied territory. The key source of discrimination of the ethnic Ukrainians and Crimean Tatars in peninsula is concentrated in Russian punitive and propaganda policy, which revitalized the Soviet myth about the „„„enemy peoples" and determined any Ukrainian or indigenous activists as „extremists", if they manifested any disloyalty towards the Russian criminal policies.

The UN GA resolution 2021 76/179 reflects deep concern about restrictions faced by Ukrainians, including the indigenous people of the Crimea, in exercising their economic, social and cultural rights. It also as expresses the concern about the militarization and assimilation of young people in the Crimea by Russia, including combat training for Crimean children for military service in the Russian armed forces and the introduction of so-called "military-patriotic" education system.

This Resolution expresses grave concern about the constant use by Russia of „military courts", including those located in the territory of Russia, to try civilian residents of Crimea, including Crimean Tatar „activists" and the failure of the occupying Power to respect fair trial standards. The Resolution reiterates UN concern regarding multiple exercises of Russian armed forces held in the Crimea, which entail considerable long-term negative environmental consequences for the region, impacting civilians' enjoyment of their human rights.

The UN GA resolution 2021 76/179 demands Russia to end the practice of compelling Crimean residents to serve in the armed or auxiliary forces of Russia, including through pressure or propaganda, and in particular to ensure that Crimean residents are not compelled to participate in military operations of Russia and cease using the „education system" for the propaganda of service in the armed or auxiliary forces of Russia among children; it demands Russia also to end the practice of criminal prosecution of inhabitants of Crimea who resist conscription into the armed or auxiliary forces of Russia.

As it is well-known, since 24th of February 2022 Russia committed broad and open military aggression to all Ukraine's territory. Due last eight months of fights Russia occupied some territories of Donetzk, Kharkiv, Kherson, Luhansk, Zaporizhzhya regions and strong fights are going near cities with total population more than 8 millions persons near the frontline.

Ukraine immediately filed an Application with the International Court of Justice (ICJ) on 25 February 2022, instituting proceedings against Russian in a dispute concerning the interpretation, application or fulfillment of the UN Convention on the Prevention and Punishment of the Crime of Genocide. Russia refused to execute the ICJ order in this case to stop the aggression.

Russia-controlled troops and mercenaries committed in Ukraine, during this invasion, gross violation of international humanitarian law and international human rights' law already, including broad crimes against property, social and cultural rights and environment, attacks on medics, teachers, and journalists, social, medical, educational and informational infrastructure.

All war crimes, committed by Russian invaders during ongoing hostilities, including crimes against displaced persons, are connected with absolutely clear Russia's war targets in maximal destruction the population and civil infrastructure, including objects, essential for all Ukrainian ethnic and social groups that is a clear terroristic activities.

Those issues now are the subject of the investigation the International Criminal Court Due to gross violation the human rights Ukraine filed an application to the European Court of Human Rights also. Russian government refused to execute the demand of the ECtHR and the order of ICJ to immediately suspend the military operations that it commenced on 24 February 2022.

On March 16 2022, Russia was excluded from the Council of Europe and refused officially to execute the demands of European Convention on Human Rights that guarantees rights to life. UN Human Rights Council (HRC) adopted its resolution 49/1 on 4 March 2022 where it expressed grave concern at the documented harm to the enjoyment of many human rights, resulting from the aggression against Ukraine by Russia.

On 8 March 2022 UN human rights experts called on Russia to immediately end its invasion of Ukraine to avoid further bloodshed; experts recalled that intentional attacks against civilian objects amount to war crimes, that are terroristic by their nature. In other UN experts' statements the negative impact of Russia's aggression on persons with disabilities and older persons was condemned, and relevant risks for women's right to life were pointed.

UN Special Rapporteur on the right to adequate housing expressed on 9th of March the grave concerns about the serious violations of the right to adequate housing in Ukraine that is directly connected with activities of Russia-controlled fake terroristic „peoples republic".

UN General Assembly in its resolution ES-11/1 on 2 March 2022 recognized that the military operations of Russia inside the sovereign territory of Ukraine are on a scale that the international community has not seen in decades and that urgent action is needed to save this generation from the scourge of war. In article 9 of this resolution UN General Assembly demanded to protect civilians, including persons in vulnerable situations.

UN General Assembly in its resolution ES-11/2 on 24 March 2022, articles 5 and 8, demanded again full respect for and protection of objects indispensable to the survival of the civilian population and civilian infrastructure that is critical to the delivery of essential services in armed conflict; stressed that the sieges of cities in Ukraine further aggravate the humanitarian situation for the civilian population and hamper evacuation efforts, and therefore demands to put an end to sieges.

On 7 April 2022 the UN General Assembly adopted a resolution ES-11/348 calling for Russia to be suspended from the Human Rights Council.

The UN Human Rights Council adopted on 12th of May a resolution on the deteriorating human rights situation in Ukraine where pointed that Russia should immediately cease its aggression, withdraw all its forces from the whole territory of Ukraine, and provide international human rights and humanitarian institutions with unhindered, immediate and safe access to persons transferred from conflict-affected areas.

Those decisions are not executed by Russian troops, Russia-controlled mercenaries and terroristic groups, which established policy or terror and repressions over the Russia-occupied territories of Ukraine, especially in Kherson and Zaporizhzhya regions. Russian troops, fake „administrations“ and „commandant's offices“ use actively the practice of extrajudicial executions of local civil population, including persons who tried to evacuate themselves from hostilities zones.

Till October, 2022 more new was crimes were committed by the Russian troops, including usage civil population as hostages and „human shield“, destruction objects of civil infrastructure, including pipe electric lines, bomb the civil objects, including kindergartens, schools and hospitals, TV and mobile broadcasting equipment by missiles and artillery.

A lot of persons, including them who tried to evacuate themselves from conflict zone, were killed or kidnapped as „non-loyal“ ones or during looting their property. Russian occupation of Kherson, Melitopol and other cities in Southern Ukraine in March-October 2022 led to mass actions of resistance to the aggressor. Russian troops block the humanitarian corridors established to evacuate civil population from hostilities zones and occupied territories of Kherson and Zaporizhzhya regions and block any information about such corridors.

On 8 April, at around 10:10 shortly before the bombing of the railway station in Kramatorsk, the Russian Ministry of Defence announced that they had hit railway stations in Sloviansk, Pokrovsk, and Barvinkove with „high-precision air-based missiles“. According to the Ukrainian government, between 1000 and 4000 civilians, mainly women and children, were present at the station awaiting evacuation from the region, which was being subjected to heavy Russian shelling. Missile kills at least 52 at crowded Ukrainian train station.

European Commission President Ursula von der Leyen, who visited Ukraine on the day of the attack, condemned the attack as despicable. French Foreign Minister Jean-Yves Le Drian described the attack as a crime against humanity, saying that it could not remain unpunished, while British Defence Secretary Ben Wallace condemned it as a war crime. UN Secretary-General António Guterres described the missile strike as completely unacceptable.

On 14 July 2022, Russian missiles hit the city center of Vinnitsa, Ukraine. 22 people are known to be killed and 25 wounded, including three children. An office building, medical center and nearby residential buildings were damaged, about 50 cars burnt.

From the point of view of international law, such acts can be considered as terrorism. According to the International Convention for the Suppression of the Financing of Terrorism, terrorism is considered, among other things, „any act intended to cause death or serious bodily injury to a civilian, or to any other person not taking an active part in the hostilities in a situation of armed conflict, when the purpose of such act, by its nature or context, is to intimidate a population, or to compel a government or an international organization to do or to abstain from doing any act".

In the form of Article 51 of Additional Protocol I to the Geneva Conventions, a link exists between the definition of terrorism in the Convention and the description of these war crimes in the Rome Statute.

This article establishes a general duty to protect civilians and lists the same crimes against civilians as the Rome Statute, including indiscriminate attacks that are not directed at military objectives, or that both affect military goals and civilians, as well as attacks on civilian objects without a distinction between them. The article's second section states that the civilian population as such, as well as individual civilians, shall not be the object of attack. Acts or threats of violence the primary purpose of which is to spread terror among the civilian population are prohibited.

International law has also recognized the link between indiscriminate assaults on civilians and terrorism. Thus, in the case of Stanislav Galich, the International Tribunal for the Former Yugoslavia examined the development of viewpoints on the definition of terrorism as a strategy for warfare and noted that terror need not be the sole objective of an act of terrorism; rather, the intent to commit acts of terrorism against civilians can be connected to other objectives in armed conflict.

All Ukraine's attempts for the peace-building, including peace talks and negotiations with Russian government were unsuccessful and Russia rejects all peace propositions and it refuses to execute the demands of ICJ and ECtHR orders to stop the aggression and hostilities that are directly pointed against the Ukrainians' rigths to life, freedom, movement, health and not to become a victim of enforced disappearance.

On September 21, 2022, Russian President Vladimir Putin announced the socalled „partial mobilization", which is being organized in violation of international humanitarian law in the occupied Crimea.

As early as September 21, 2022, in the Crimea, representatives of the Indigenous Crimean Tatar People began to receive „subpoenas" from Russian invaders en masse.

All the actions of the representatives of the Russian occupation „administration" on the illegal „mobilization" of the inhabitants of the temporarily occupied Crimea into the armed forces of Russia are carried out in a frankly rude, violent and degrading form. There have been recorded cases when representatives of the Indigenous Crimean Tatar People were massively forcibly brought to the

„military registration and enlistment offices“ of Russian invaders.

An analysis of data on the „mobilization" of Crimean residents indicates that in the lists of „mobilized“ citizens Crimean Tatars make up a number that significantly exceeds their proportional representation in the population of the Crimea. In some localities and regions, this representation of Crimean Tatars among the „mobilized“ is up to 80-90 percent.

The specified disproportion in the ethnic composition of the residents of the temporarily occupied Crimea, forcibly and illegally mobilized by the Russian occupation „administration“, is evidence of the targeted killing of the adult male population of the Indigenous Crimean Tatar People, which has signs of not only racial discrimination by the occupying „authorities“, but also the genocide of the Indigenous Crimean Tatars.

At the same time, the actions of Russian troops in Ukraine not only have common features of aggression, but also contain signs of war crimes: destruction of obviously civilian facilities, murders, kidnappings and torture of civilians, as well as total looting. The committment of war crimes by these troops is confirmed in the reports of the UN Commission to the General Assembly, as well as in the reports of other international missions and the Office of the Prosecutor of the International Criminal Court.

Also, the politicization and obviousness of these crimes, accompanied by statements and demands from both the leaders of the occupying „authorities“ in the Crimea, and the Russian leadership as a whole, has all the signs of state terrorism, which was adopted by the Parliamentary Assembly of the Council of Europe on 13th of October 2022 that declared the current Russian regime as a terrorist one.

Before, on 10th May, 2022, Lithuanian Seimas unanimously adopted a resolution declaring Russia to be a terrorist state that is carrying out genocide against the Ukrainian people. „The Russian Federation, whose military forces deliberately and systematically target civilian targets, is a state that supports and perpetrates terrorism", the resolution reads. According to the document, the Russia's intent is to wholly or partially destroy the Ukrainian nation and break its spirit by killing entire families, including children, abducting and raping people, and mocking them and the bodies of the murdered.

Also on 11th August 11, the Latvian Saeima declared Russia a state sponsor of terrorism, citing attacks on civilians. Declaration pointed that Russia has been providing support and financing for terrorist regimes and organizations for many years, directly and indirectly. Later Riigikogu, Estonia's parliament declared on 18th of October 2022 Russia a terrorist regime over its unprovoked invasion of Ukraine and moves it has made since, including the illegal annexation of parts of Ukraine and thinly veiled threats by President Vladimir Putin concerning the possible use of nuclear weapons.

„Riigikogu declares Russia a terrorist regime and the Russian Federation a country that supports terrorism, whose actions we must confront together. The Riigikogu calls on the international community to adopt similar declarations", a statement said.

On 26th of October 2022 Poland's upper house of parliament, the Senate, has unanimously adopted a resolution recognising Russia as a terrorist regime for its aggression against Ukraine and the Ukrainian people. Resolution stresses that Vladimir Putin and his apparatus of violence returned to the cruel practices of the Stalinist and Nazi regimes. Lated the similar statements were made by parliaments of Czech Republic and of Slovakia.

In this situaiton the Crimean Tatar Resource Center sent on 25th of October, 2022 an appeal to UN General Secretary, stressing that in the period from the beginning of

Russian invaders' „partial mobilization" from September 21 till October 13, about 100 „mobilized" representatives of the Indigenous Crimean Tatar People who died in the war were already brought to the occupied Crimea. The vast majority of them did not „sign contracts" with the Russian army and ended up in the war zone against their will.

Indigenous Crimean Tatars' Appeal points that any military activity on the lands of indigenous peoples carried out without their consent, including the recruitment and mobilization of representatives of indigenous peoples into the armed forces, is a direct and flagrant violation of the UN Declaration on the Rights of Indigenous Peoples.

These actions of Russian are a continuation of the discriminatory policy of the occupying administration, the purpose of which is the physical destruction of the Indigenous Crimean Tatar people, who became a numerical minority in their homeland as a result of the colonial policy of the Russian Empire, stressed the Appeal of Crimean Tatar Resource Center signed by Member of Mejlis of Crimean Tatar People Eskender Bariiev.

Appeal of Crimean Tatar Resource Center asks the UN Secretary General to increase pressure on Russia and use all available mechanisms to stop the illegal „conscription" and „mobilization" of representatives of the Indigenous Crimean Tatar people into the armed forces of the Russian Federation, which is almost guaranteed to result in the death sentence being imposed on representatives of the Indigenous People, as well as their forced involvement in the commission of military crimes and acts of state terrorism in Russia.

German authorities made in 2014-2022 a lot of statements, supporting territorial integrity of Ukraine, including the Crimea.

So our Association asks the Authorized Authorities of Germany, Baden-Baden State Government and Municipal Council of Baden-Baden to react on illegal visit of German citizen, Christian Frietsch, the redactor of media „Goodnews4 Baden-Baden“ to Russia-occupied Crimea, that was far from journalist standards and may be considered as de-facto support of Russian international crimes in Ukraine and Russian policy of state terrorism.

We also ask Authorized Authorities of Germany, Baden-Baden State Government and Municipal Council of Baden-Baden to recognise the Russia as state and Russian politic regime, as terroristic organisations and sponsors of terrorism. Next urgent, immediate steps must be done also, regarding ongoing interstate conflict and hostilities, of ongoing Russia's terroristic criminal, discriminative and racist policy against Ukrainians' and Crimean Tatars' rights.

11th of November, 2022 Representative of the ARC

Dr. Borys Babin

Baden-Baden, 13. November 2022

Stellungnahme zur Reise von Christian Frietsch nach Russland und auf die Krim und zum Schreiben einer ukrainischen Organisation an den Baden-Badener Gemeinderat

Die ukrainische Organisation „Association of Reintegration of Crimea“ erhebt Vorwürfe, die aber ausgerechnet auf Aussagen russischer Medien beruhen und nicht auf Originaltönen von Christian Frietsch.

Eine Einreise auf die Krim ist derzeit nur mit einem Visum der Russischen Föderation möglich. Dies ist der Grund, dass Christian Frietsch mit einem vom russischen Konsulat ausgestellten humanitären Visum einreiste. Grund seiner Einreise war die Ausstellung „To Build a Bridge“ der Künstlerin Elisabeth Frietsch-Eyer und die Forderung für einen schnellen Frieden. Christian Frietsch wird über die Reise auch journalistisch berichten.

Die Ukraine hat die Einreise über russisches Territorium auf die Krim seit der Annexion 2014 für illegal erklärt. Bei Berichten aus Kriegs- und Krisengebieten ist, wie in diesem Fall, abzuwägen, ob die verständliche Position der Ukraine im Verhältnis zur journalistischen Arbeit steht. Eine Unterbindung der journalistischen Berichterstattung von der Krim kann auch nicht im Interesse der Ukraine und ihrer demokratischen Gesinnung und dem hohen Gut der Pressefreiheit sein. Die Forderung der Organisation „Association of Reintegration of Crimea“ ist verständlich, aber in der Güterabwägung nicht verhältnismäßig.

Die ukrainische Organisation hat sich mit ihrem Schreiben an den Baden-Badener Gemeinderat gewandt. Falls das Ziel sein sollte, auf diesem Weg Repressionen durch den Gemeinderat gegen einen Journalisten auszulösen, ist dies mit den demokratischen Prinzipien, die in Deutschland gelten, nicht zu vereinbaren. Auch der in diese Sache involvierte Stadtrat der SPD sollte dahingehend seine Initiative überprüfen. Der für den öffentlich-rechtlichen Rundfunk tätige Stadtrat wird wissen, dass seit 2014 seine Kollegen von der ARD mehrmals auf die Krim reisten und berichteten. Seit dem Einmarsch des russischen Militärs in die Ukraine hat sich die aus der Sicht der Ukraine bekannte Rechtslage nicht geändert. Ein Monopol für die Berichterstattung von der Krim für den öffentlich-rechtlichen Rundfunk kann es nicht geben.

Bereits in anderen Fällen versuchte die ukrainische Organisation auf den Baden-Badener Gemeinderat in dieser Weise einzuwirken.

Selbstverständlich wird sich Christian Frietsch weder von seiner Berichterstattung noch von notwendigen Recherchen abhalten lassen. Das gilt auch für andere Journalisten, die von der Krim und anderen Regionen mit schwierigen Rechtslagen berichten.

Die Darstellungen der ukrainischen Organisation beruhen auf russischen Medienquellen. Befremdlich ist, dass ausgerechnet eine ukrainische Organisation diesen russischen Medienquellen Glauben schenkt und sich mit dem betroffenen Journalisten bis heute nicht in Verbindung gesetzt hat. Christian Frietsch hat bei jeder sich bietenden Gelegenheit, auch bei einem Treffen mit Studenten in Moskau, für Frieden geworben und dass so schnell wie möglich die Waffen schweigen.

Die Ausstellung, die auch in Moskau gezeigt wurde, trägt den Titel „To Build a Bridge", so ist die letzte Version des Titels den Organisatoren in Jalta übergeben worden. Sollten andere Formulierungen verbreitet worden seien, deckt sich dies nicht mit Ausstellungtitel und Ausstellungsinhalt. Die mit Russland befassten Werke haben ausnahmslos einen historischen Hintergrund zu Russland und Europa des 19. Jahrhunderts.

Die Organisation „Association of Reintegration of Crimea" spricht von „illegalen Aussagen", nennt aber keine

Original-Zitate und bezieht sich dabei auf russische Medien, die für offizielle Vertreter der Ukraine ansonsten nicht als glaubwürdig gelten. Es handelt sich dabei nicht um Originaltöne von Christian Frietsch, sondern um Formulierungen russischer Medien.

Eine ausführliche Berichterstattung über die Reise von Christian Frietsch in Russland und auf der Krim wird in goodnews4.de veröffentlicht.

goodnews4-Redaktion

Interview von Christian Frietsch mit Georgiy Muradov, Ständiger Vertreter der Krim bei Präsident Putin

Im Februar 2023 äußert sich Georgiy Muradov in einem Online-VIDEO-Interview mit Christian Frietsch zu den Positionen der russischen Regierung. Georgiy Muradov ist „stellvertretender Ministerpräsident der Krim und Ständiger Vertreter der Republik beim Präsidenten der Russischen Föderation". Für Verhandlungen zur Beendigung des Krieges oder eines Waffenstillstrandes fehlt es nach Ansicht von Beobachtern offenbar auf beiden Seiten am Willen, sich an einen Tisch zu setzen. Diesem Eindruck widerspricht der promovierte Historiker Georgiy Muradov für Russland. Der ständige Vertreter der Krim bei Präsident Putin geht auch auf die geschichtliche Rolle der Ukraine, die Bedeutung der Halbinsel Krim und auf die militärische Entschlossenheit seiner Regierung ein.

Christian Frietsch: *Ich begrüße Sie, Herr Dr. Muradov, und bedanke mich für Ihre Zusage für dieses Interview. Sie sind der ständige Vertreter der Krim bei Präsident Putin. Seit Ende der 70er Jahre sind Sie für die russische Regierung tätig. Was waren Ihre wichtigsten Stationen?*

Georgiy Muradov: Ich wäre sehr unfreundlich, wenn ich erstmal Herrn Frietsch für dieses Interview nicht gedankt hätte. Er hat sich viel mehr Zeit genommen, um die Krim zu besuchen, als ich jetzt benötige, um dieses Interview zu führen. Also vielen Dank dafür, dass ich das Interview mit Ihnen machen darf. Was mich persönlich angeht und was meinen Dienst für den russischen Staat angeht, habe ich seit 1979 schon immer für den russischen Staat gearbeitet. Ich habe im diplomatischen Dienst angefangen, noch in der Sowjetunion im Außenministerium.

Online-VIDEO-Interview von Christian Frietsch mit Georgiy Muradov am 8. Februar 2023.

Christian Frietsch: *Sie waren auch Botschafter in Zypern. Warum sind Sie nicht im diplomatischen Dienst geblieben? War es interessanter wieder nach Moskau zu gehen, Sie waren auch in einer wichtigen Funktion in Moskau in der Regierung?*

Georgiy Muradov: Ich bin ein Diplomat und in der Diplomatie läuft es so ab, dass das Außenministerium immer bestimmt, wo die Diplomaten hingehen müssen. Zuerst habe ich in Griechenland gearbeitet, danach habe ich als Berater für den Botschafter in Bulgarien gearbeitet, danach habe ich in Zypern gearbeitet und immer wieder kehre ich nach Moskau zurück, weil es eigentlich der Hauptsitz meines Dienstes ist. Seit 35 Jahren habe ich im System des russischen Außenministeriums gearbeitet. Ich war auch der stellvertretende Leiter des Exekutivorgans der russischen Föderation, das für die kulturelle und humanitäre Arbeit, sowie die Arbeit mit Landsleuten im Ausland zuständig ist, da ich in den letzten zwanzig Jahren für die Arbeit mit Landsleuten tätig war. Die Landsleute auf der Krim waren immer im Fokus unserer Aufmerksamkeit. Die Krim ist bekannterweise hauptsächlich mit Russen und russischsprachigen Einwohnern besiedelt. Selbstverständlich, als die Krim ihr legitimes Referendum im Jahr 2014 nach dem nationalistischen Regierungssturz in der Ukraine abgehalten hat und aus der Ukraine ausgetreten ist und bat in den russischen Staat aufgenommen zu werden, habe ich als eine für die Arbeit mit Landsleuten zuständige Person meine Arbeit in der Regierung der Krim aufgenommen mit der Zuständigkeit für internationale und wirtschaftliche Beziehungen der Republik Krim.

Christian Frietsch: *Sie sind jetzt ständiger Vertreter der Krim beim Präsidenten. Was sind Ihre wichtigsten Aufgaben?*

Georgiy Muradov: Mit großer Freude werde ich Ihnen das erzählen. Eine meiner Aufgaben ist es, mit unseren internationalen Partnern und Freunden Gespräche zu führen, aber auch nicht nur mit Freunden, es gibt auch scharfe Gespräche, deswegen ist die internationale Tätigkeit der Republik der russischen Föderation ein großes Volumen an Kommunikation mit ausländischen Partnern. Ich führe viele Gespräche im Laufe des Tages, ich nehme an vielen verschiedenen Sitzungen auf verschiedenen Behördenebenen der staatlichen und zivilgesellschaftlichen Strukturen hier in Moskau im Namen der Republik Krim teil. Da die ganze Regierung der Krim hier nicht anwesend sein kann, vertrete ich die Republik auf allen Veranstaltungen hier in Moskau. Der andere Teil meiner Arbeit ist die Entwicklung der wirtschaftlichen Beziehungen mit anderen Staaten, verschiedenen Unternehmen und Firmen. Mit ihnen treffen wir uns sehr oft, führen Gespräche und verhandeln über die Realisierung verschiedener Projekte.

Christian Frietsch: *Sie sind der ständige Vertreter beim Präsidenten. Wir oft will denn Herr Putin, der Präsident, etwas wissen über die Lage auf der Krim? Wie oft treffen Sie ihn?*

Georgiy Muradov: Wenn unser Präsident alles persönlich erfahren würde, würden ihm keine 24, aber auch keine 150 Stunden am Tag reichen, deswegen arbeite ich hauptsächlich mit seinen Vertretern, mit der Verwaltung des Präsidenten, mit Helfern, mit verschiedenen Abteilungen der Präsidentenverwaltung und somit kommt unser Präsident an alle erforderlichen Informationen. Auch mit dem Präsidenten finden Treffen statt, aber in der Regel finden solche Treffen hauptsächlich auf großen Veranstaltungen in größeren Formaten statt, also sind das keine Treffen unter vier Augen, sondern sind das die Treffen im Rahmen politischer Kontakte und wirtschaftlicher Foren und da hören wir unserem Präsidenten sehr aufmerksam zu und hoffen, dass man ihm im Ausland genauso gut zuhört. Aber ich habe meine Zweifel, dass man ihm im Ausland gut zuhört. Er spricht ja über sehr genaue Sachen und wenn dies unsere Partner in Europa und in den USA genau gehört hätten, wäre unsere Beziehung ganz anderes verlaufen.

Christian Frietsch: *Ich habe eine Frage zu der Rolle von Kunst und Kultur und den Medien, den Journalisten. Können Kunst und Kultur und die Journalisten helfen, die Auswirkungen der politischen Lage zu verbessern oder zu lindern?*

Georgiy Muradov: Wir würden sehr gerne darauf hoffen und zählen, aber angesichts dessen, was heute in unseren Beziehungen zu den europäischen Ländern und den USA passiert, gibt es natürlich große Zweifel, ob Kulturschaffende und Journalisten überhaupt helfen können. Da Sie die Arbeit von Journalisten angesprochen haben, möchte ich meine Solidarität und Unterstützung im Zusammenhang mit der Tatsache zum Ausdruck bringen, dass Sie nach Ihrer Reise in unseren Ferienort Jalta mit verschiedenen Anschuldigungen, auch von ukrainischen Nationalisten, bombardiert wurden, dass Sie quasi zum Terrorismus beitragen würden. Auf diese Weise behindern sie die Arbeit der Journalisten und unterdrücken den wichtigsten Grundsatz der Meinungsfreiheit, die Presse und die journalistische Tätigkeit. Ich möchte mein Mitgefühl und meine Solidarität mit Ihnen zum Ausdruck bringen, denn diese Lügen und Verleumdungen gegen Sie sind einfach nicht hinnehmbar, und es ist sehr unangenehm, dass eine völlig ehrliche und objektive Sicht des Lebens auf der Krim völlig pervertiert und zu einer politischen Waffe gegen die Meinungsfreiheit gemacht wurde.

Christian Frietsch: *Vielen Dank, ich bedanke mich natürlich auch, dass ich nach Russland kommen und mir alles anschauen durfte. Aber im Moment hat man ja das Gefühl, dass wir alle im*

„Eisschrank" sitzen, wie kann man wieder kleine Bücken schlagen? In Russland sind die Journalisten vorsichtig geworden, im Westen sind sie auch etwas zurückhaltender. Wie kann man die Brücken wieder spannen, dass es mehr Kommunikation gibt?

Georgiy Muradov: Lassen Sie mich diese sehr wichtige Frage etwas ausführlicher beantworten. Zunächst einmal ist zu meinem großen Bedauern die Politik zur beherrschenden Kraft geworden, die heute alles beherrscht: die Wirtschaft, die Kultur, die Bildung, den Journalismus und sogar die gesamte Informationsarbeit. Es ist absolut nicht unsere Schuld, es ist leider die Entscheidung der westlichen Länder, die ihre eigenen Ziele in Bezug auf Russland haben. Diese Ziele sind für uns absolut sichtbar und klar, und ich verstehe absolut, warum Sie jetzt im „Eisschrank" sitzen. Das liegt daran, dass Russland im Westen nicht als unabhängiges Land wahrgenommen wird, das das Recht und das Wort hat, über politische und wirtschaftliche Fragen zu entscheiden, insbesondere was seine eigene Sicherheit betrifft. Leider haben die USA und die EU-Länder in ihrer Einschätzung dessen, was Russland ist, sehr große Fehler gemacht. Wir lesen oft, dass Russland nur zwei Prozent des BIP ausmacht. Leider sind diese wirtschaftlichen Kriterien auch im Westen erfunden worden, entsprechen aber nicht der Realität. Die Realität ist, dass Russland fast 40 Prozent der natürlichen Ressourcen der Welt besitzt. Es ist das größte europäische Land mit den größten Bodenressourcen und landwirtschaftlichen Erträgen. Es ist ein technologisch sehr fortschrittliches Land, auch im militärischen Bereich. Zwei Prozent sind also eine völlige Unterschätzung der Rolle und des Platzes Russlands in der modernen Welt. Folglich hat man sich in Washington und Brüssel darauf geeinigt, dass Russland gezwungen werden kann, das zu tun, was die NATO, die EU und die USA von Russland verlangen. Russland zu zwingen, die natürlichen Ressourcen billig zu verkaufen, oder noch besser, sie komplett wegzunehmen, Russland zu zwingen, sich in Fragen seiner Sicherheit zurückzuziehen und nicht darauf zu achten, dass die NATO, trotz ihrer Versprechungen von fünf Erweiterungswellen, nicht nur unsere Grenzen überschritten hat und praktisch in sie eingedrungen ist, sondern bereits Ansprüche auf jene Gebiete erhebt, die immer als historisches Russland betrachtet wurden. Ich meine die Ukraine, Georgien und andere Gebiete.

Christian Frietsch: *Es ist klar, dass die Positionen zwischen dem Westen und Russland sehr unterschiedlich sind und bevor man über die Wirtschaft redet, muss man ja die militärischen Auseinandersetzungen beenden.*

Georgiy Muradov: Natürlich, aber wir haben den Krieg nicht begonnen, das hat mit dem Einmarsch in die Ukraine vor neun Jahren begonnen, als die rechtmäßige Regierung gestürzt wurde. Auf dem Majdan sind all die Persönlichkeiten aus den USA und der EU spazieren gegangen, die den Sturz der rechtmäßigen Regierung Janukowitschs herbeigeführt haben und die im Grunde genommen ihre Vereinbarung, die von Janukowitsch unterzeichnet wurde, aufgegeben haben. Ich meine, einen Vertrag mit Garantien, dass er noch einige Zeit an der Macht bleiben würde. Dieser Vertrag wurde, wie Sie wissen, von Deutschland, Frankreich und Polen unterzeichnet. Am nächsten Tag kam es in Kiew zu einem verfassungswidrigen Putsch gegen den Präsidenten.

Christian Frietsch: *Wir haben ja jetzt die Situation, die wir haben, und man kann es nur beenden, wenn man an einen Verhandlungstisch kommt. Wer müsste denn an einem Verhandlungstisch sitzen? Russland und die Ukraine alleine oder noch andere Partner wie Deutschland oder USA oder Frankreich?*

Georgiy Muradov: Natürlich haben wir solche Friedens- und Sicherheitsvorschläge schon oft gemacht, zuletzt im Dezember 2021, um die USA und die NATO-Länder aufzufordern, die Sicherheit Russlands nicht zu bedrohen, einen bündnisfreien, neutralen Status für die Ukraine festzulegen, die NATO nicht zu erweitern und die Situation an einen Punkt zu bringen, an dem wir in Frieden miteinander reden und verhandeln können. Aber unsere Vorschläge wurden nicht angenommen. Ich werde auch den zweiten Teil dieser Frage beantworten: Wer sollte am Verhandlungstisch sitzen? Wir boten an, mit den USA und den NATO-Ländern, dem einzigen bestehenden globalen Militärblock, unmissverständlich zu verhandeln, um die gemeinsame, gegenseitige Sicherheit auf beiden Seiten zu gewährleisten. Und dieser Vorschlag liegt weiterhin auf dem Tisch. Dieser Vorschlag wurde jedoch abgelehnt. Was die Ukraine betrifft, sie ist heute kein Subjektstaat, das heißt sie wird leider vollständig vom Ausland aus regiert.

Christian Frietsch: *Gibt es schon irgendwelche Ideen für Kompromisse? Man muss ja immer eine Idee haben für einen Kompromiss, wenn man verhandelt. Viele sagen, es gäbe einen „Plan B", die Krim bleibt bei Russland und der Donbass und das wäre vielleicht ein Kompromiss. Oder was wäre der Kompromiss?*

Georgiy Muradov: Natürlich gibt es immer Kompromisse, und wir haben sie schon oft vorgeschlagen. Zum Beispiel der Hauptkompromiss, der von Reichskanzler Bismarck ausgearbeitet wurde, der als Kompromiss sagte: „Lasst die Russen in Ruhe!" Dies ist der wichtigste Kompromiss.

Christian Frietsch: *Die KSZE war ja sehr erfolgreich, das hat 50 Jahre lang gut gehalten, also man kann mit den Russen auch Kompromisse und Verhandlungserfolge machen.*

Georgiy Muradov: Das stimmt, dem stimme ich zu, aber

nicht durch die Spaltung des historischen Teils Russlands, der Kleinrussland oder Ukraine genannt wird. Und natürlich ist Kiew die Mutter aller russischen Städte, und die Krim ist die Quelle der russischen Zivilisation. Niemand kann Russland das Herz und seine Zivilisation wegnehmen, so wie man es in Serbien mit dem Kosovo angetan hat. Russland ist schließlich ein seriöser, starker Staat, der alle Möglichkeiten hat, diejenigen zurückzuhalten, die sich an unseren historischen Quellen vergreifen wollen.

Christian Frietsch: *Aber die Ukraine kämpft ja jetzt für Unabhängigkeit. Wird Russland das akzeptieren in irgendeiner Form? Wird Russland akzeptieren, dass die Ukraine unabhängig wird und mit welchem Kompromiss? Dass die Krim bei Russland bleibt und der Donbass bei Russland bleibt, oder wird Russland nie akzeptieren, dass die Ukraine unabhängig ist?*

Georgiy Muradov: Das hängt davon ab, wie die Ukraine sein wird. Mit der Ukraine als befreundetem Land waren wir bereit, wie zwei Schwestern zu leben – Russland und die Ukraine. Aber die Ukraine wurde versklavt. Man hat aus der Ukraine einen Brückenkopf für einen Krieg mit Russland sowie eine Station für die Platzierung der NATO-Truppen und US-Raketen geschaffen. Wir werden das niemals akzeptieren. Unsere historische Verbundenheit mit der Ukraine bleibt in vollem Umfang erhalten. Wir werden nicht zulassen, dass sie einen Brückenkopf für einen Krieg gegen uns bilden. So wie die Deutschen zum Beispiel nicht zulassen würden, dass man dasselbe mit Bayern getan hätte.

Christian Frietsch: *Ich habe eine Frage zu der näheren Zukunft. Wäre denn die KSZE, das war ja die wichtige Verhandlung zwischen dem Westen und dem Osten, den Kalten Krieg zu beenden, und diese Verhandlung dauerte zwei Jahr bis zu einem Ergebnis. Wären die KSZE-Verhandlungen ein Vorbild für Verhandlungen jetzt um einen Frieden?*

Georgiy Muradov: Ich bin ganz Ihrer Meinung. Alles wäre großartig, und wir haben diese Organisation zusammen mit westlichen Ländern in den 70er Jahren gegründet, als es zwei Blöcke gab – die NATO und den Warschauer Pakt. Zu dieser Zeit war in Europa alles im Gleichgewicht. Auf der einen Seite standen die UdSSR und der Warschauer Pakt, auf der anderen Seite die USA und die NATO-Staaten. Heute gehört das alles der Vergangenheit an. Heute können wir nur dann über die Zusammenarbeit mit der OSZE sprechen, wenn wir die Tatsache berücksichtigen, dass unser Außenminister Lawrow kein Visum erhält, um auf dem Podium dieser Organisation zu sprechen. Was kann dann noch Gutes dabei herauskommen? Lawrow darf nicht zur OSZE nach Warschau kommen, der Außenminister darf nicht zur UNO in New York kommen, um dort zu sprechen – was für einen Dialog können wir in diesem Fall führen? Leider gibt es in der westlichen Welt, vor allem in den USA, eine Spaltung des Bewusstseins. Ich möchte Ihnen das folgende Paradoxon nennen. Auf der einen Seite heißt es: Lasst uns die Kanäle der diplomatischen Kommunikation offenhalten. Andererseits tun sie alles, um unsere Minister und Diplomaten daran zu hindern, Reden zu halten und Kontakte mit Vertretern westlicher Länder zu knüpfen. Was wollen sie am Ende? Kompromiss und Dialog? Oder wollen sie unsere Politiker, einschließlich der Diplomaten, daran hindern, diesen Dialog zu führen und Kompromisse auszuhandeln?

***Christian Frietsch:** Ich gebe Ihnen Recht, man muss ein Gesprächsmilieu haben, wenn man nicht mehr miteinander spricht, bleiben nur noch die Kanonen, sagt man.*

Georgiy Muradov: Das ist es, was tatsächlich passiert, denn sie sagen: Triff dich nirgendwo mit Lawrow, sprich nirgendwo mit Putin. Wie kann man dann einen Dialog aufbauen und einen Kompromiss finden?

Christian Frietsch: *Ich habe mit vielen Kollegen gesprochen und gestern auch mit einem Kollegen in Amerika telefoniert und wir sind beide der Meinung, dass es sehr wenige Interviews gibt russischer Politiker mit Journalisten. Liegt das daran, dass westliche Journalisten wenige Wünsche nach Interviews haben oder blockieren die Mitglieder der russischen Regierung Interviews?*

Georgiy Muradov: Sie haben völlig Recht. Ich möchte Ihnen sagen, dass ich nie um eine Genehmigung der Regierung gebeten oder eine solche erhalten habe. Ich bin genauso offen wie alle meine diplomatischen Freunde und Politiker. Aber sie haben alle unsere Fernsehkanäle im Westen geschlossen, sie laden keine Journalisten ein. Wir sagen: Kommt zu uns, ihr westlichen Journalisten. Aber dagegen sagt der Westen: Kommt nicht zu uns! Was ist, wenn Sie erzählen würden, was unsere Politiker nicht mögen? Genau das ist das Problem. Lassen Sie uns ein Experiment machen und laden Ihre deutschen Journalisten ein. Aber Sie sollten auch unsere Gruppe einladen, russische Journalisten, die zu Ihnen kommen würden, um professionelle journalistische Arbeit und Gespräche zu führen. Und anschließend laden wir auch gerne Ihre Journalisten ein.

Christian Frietsch: *Gibt es denn wenige Anfragen nach Interviews in Moskau? Wir führen ja jetzt auch ein Interview, aber wenn wir in die Medien schauen hier, sieht man wenige Interviews mit Herrn Muradov, mit Herrn Putin, mit Herrn Lawrow. Gibt es gar keine Anfragen von westlichen Journalisten, solche Interviews zu führen?*

Georgiy Muradov: Leider gibt es so etwas nicht, und außerdem gibt es nicht einmal eine Einladung von unseren Kulturschaffenden. Sie sagen, wir wollen nicht Tschaikowsky hören, wir wollen nicht eure Theaterleute, eure Opernsänger sehen. Wir wollen nichts. Es sollte ein

Zaun zwischen Russland und dem Westen errichtet werden, ein Vorhang, eine Barriere. Und auch Sportler werden von Wettkämpfen ausgeschlossen, so dass sie nirgendwo teilnehmen können. Das heißt, Europa versucht, Russland von sich selbst abzuschneiden. Dies ist jedoch unmöglich. Russland ist die Hälfte der Welt.

Christian Frietsch: *Wenn man in die Geschichte schaut, ist es so, dass die Ukraine ja lange, lange Zeit zu Russland, zur Sowjetunion gehört hat. Jetzt ist die Situation anders und viele Länder haben Angst, die baltischen Länder Lettland, Litauen, Estland, dass Russland vielleicht auch kommt und sagt „Wir wollen euch zurückhaben". Ist es ein Dogma, dass die Ukraine zu Russland gehören muss, oder kann man darüber verhandeln?*

Georgiy Muradov: Die baltischen Staaten haben völlig umsonst Angst. Sie wurden in Russland geboren, im historischen Teil Russlands. Russland ist sozusagen ein Inkubator für die Völker, aber es hat diese Völker nie vergewaltigt, sie ihrer Kultur und Sprachen beraubt und sie vor allem nicht mit Gewalt gezwungen, mit Russland zusammenzugehören. Russland wird jedoch nicht zulassen, dass sich andere feindliche Kräfte in den Gebieten aufhalten, die historisch zu Russland gehörten.

Christian Frietsch: *Kann man sagen, wenn man verhandelt, dass es ein Dogma gibt, dass die Ukraine zu Russland gehören muss? Ist das ein Dogma, bevor man in Verhandlungen geht? Kann man darüber nicht verhandeln?*

Georgiy Muradov: Das haben wir nicht gesagt. Wir sagen nicht, dass die Ukraine Teil Russlands sein sollte. Wir sagen, dass die Ukraine als unsere Schwester freundlich, zumindest aber neutral sein sollte. Und die Ukraine liegt territorial innerhalb Russlands. Die Ukraine sollte also keine Plattform für neue Raketen und Waffen sein, die Moskau und das gesamte europäische Russland in zwei Minuten vernichten können. Ich habe Ihnen bereits ein Beispiel gegeben, aber ich glaube, Sie haben es nicht übersetzt. Das wäre so, als würde jemand versuchen, Bayern zu einem Brückenkopf für die Zerstörung Deutschlands, für einen Krieg mit Deutschland, für den Einsatz von Waffen gegen Deutschland zu machen. Dies ist ein deutliches Beispiel. Ich sage nicht, dass dies geschehen könnte. Aber es wird bei uns genauso wahrgenommen, wie es für Deutschland wäre, wenn jemand Bayern zum Feind gemacht hätte.

Christian Frietsch: *Man kann es sich nur schwer vorstellen, aber wenn es Krieg gäbe in Bayern, muss man ja einen Weg finden, diesen Krieg zu beenden. Ich verstehe intellektuell die historische Herleitung, dass Russland und die Ukraine zusammengehören. Wir haben früher immer gedacht Kiew, Moskau und Sankt Petersburg, das ist alles ein Land, aber die Realitäten haben sich geändert und wird man jetzt zehn oder zwanzig Jahre Krieg führen, um dieses Dogma zu erhalten? Jetzt ist die Situation anders und man muss den Krieg irgendwann beenden oder wird man lieber zwanzig Jahre Krieg führen?*

Georgiy Muradov: Das hängt vom Westen ab, der schon heute alle möglichen Kriegshandlungen gegen Russland am ukrainischen Brückenkopf unternimmt. Heute wissen wir über die Lieferung von Panzern und Langstreckenraketen Bescheid. Morgen gibt es eine Diskussion über NATO-Flugzeuge, die mit uns in den Krieg ziehen. Für Russland ist es nicht leicht, gegen die NATO zu kämpfen, aber natürlich haben wir Waffen, die der NATO überhaupt nicht gefallen werden. Glauben Sie mir, wir in Russland würden diesen Konflikt und dieses Aufeinandertreffen gerne sehr schnell beenden. Dazu müssen wir aber eines tun: die NATO muss aufhören, einen Krieg mit Russland zu führen. Und die Vertreter der NATO und der EU sagen immer wieder, dass sie sich im Krieg mit Russland befinden und aufrüsten werden. Und so wird diese Regierung zu einem Regime geschaffen, in dem die NATO die Säuberung in der Bevölkerung in der Ukraine durchführt. Aber es ist unsere einheimische Bevölkerung! Das ist sehr schmerzhaft für uns. Früher hieß es scherzhaft, die NATO wolle in Russland bis auf den letzten Ukrainer kämpfen. Heute ist dieser Scherz zur Wahrheit geworden.

Christian Frietsch: *Clausewitz hat gesagt es gibt drei Möglichkeiten, dass ein Krieg endet. Entweder A gewinnt oder B gewinnt oder beide Seiten sind so erschöpft, dass sie aufhören. Was glauben Sie, was passiert?*

Georgiy Muradov: Wir haben keinen Zweifel, dass A gewinnen wird, weil B einfach keine Leute mehr haben wird. Dann wird C seine Leute schicken müssen und sie werden dann auch getötet.

Christian Frietsch: *Seit Clausewitz tot ist, gibt es inzwischen noch eine vierte Möglichkeit: Alle verlieren, weil es zu einem Atomkrieg kommt.*

Georgiy Muradov: Ich weiß sehr wohl, dass es auf beiden Seiten der Welt eine Doktrin der nuklearen Abschreckung gibt. Sie haben wahrscheinlich schon davon gehört? Was bedeutet das in dieser Situation? Das heißt, wenn eine Seite den Sieg über die andere Seite anstreben wird, muss die andere Seite die Doktrin der nuklearen Abschreckung anwenden. Daher kann weder A noch B gewinnen. Dies ist nicht mehr die Ära von Clausewitz. Wir leben in einem neuen historischen und militärischen Umfeld.

Christian Frietsch: *Sie selbst stehen auf der Sanktionsliste der EU. Hat dies konkrete Folgen für Ihr Leben und Ihre tägliche Arbeit?*

Georgiy Muradov: Damit kommen wir auf die vorhergehenden Fragen zurück, als Sie fragten, wie man einen Dialog führen kann. Also die Sanktionen behindern mich diesen Dialog mit unseren diplomatischen Kollegen aus dem Westen zu führen, wo ich viele Leute kenne. Aber es bedeutet, dass der Westen sich selbst eines weiteren Kommunikationskanals für Interaktion und Lösungsfindung beraubt. Aber diese Sanktionen haben keine Auswirkungen auf mein Privatleben.

Christian Frietsch: *Herr Muradov, ich bedanke mich sehr für das Gespräch. Als Journalist haben ich und meine Kollegen ein bisschen eine Verwandtschaft zu den Diplomaten. Wir schießen nicht, wir hoffen, dass wir über Gespräche weiterkommen,*

Georgiy Muradov: Zum Schluss möchte ich Herrn Frietsch noch etwas Persönliches sagen. Ich möchte Ihnen dafür danken, dass Sie das Werk Ihrer Mutter mitgebracht haben. An ihrem künstlerischen Schaffen kann man erkennen, was für ein wunderbarer Mensch sie war, die Liebe, Güte und Frieden in ihrem Herzen getragen hatte. Deshalb stehen ihre Bilder noch immer an ihren Plätzen in Jalta und werden von den Menschen bewundert. Diese Bilder sind keine Meisterwerke der Welt, aber sie vermitteln ihre warmen Gefühle gegenüber allen Menschen, die sie betrachten.

Christian Frietsch: *Ich will die Gelegenheit nutzen, nochmal etwas über meine Mutter, die Künstlerin, zu sagen. Der Grund, dass ich nach Moskau und auf die Krim gereist bin war ja das Erbe meiner Mutter, denn sie hat in einer deutsch-französischen Familie gelebt und die Deutschen und die Franzosen haben 1.000 Jahre lang Krieg gegeneinander geführt. Meine Mutter war Zeit ihres Lebens immer zwischen den Fronten, aber sie hatte das Glück in Baden-Baden zu leben und dann hat sie ihre eigene Welt erschaffen in ihrer Kunst. Und in ihrer Kunst haben die Franzosen, die Deutschen, die Russen, die Engländer und die Amerikaner alle in Baden-Baden glücklich und friedlich zusammengelebt.*

Georgiy Muradov: Wir hoffen und erwarten sehr, dass die friedlichen und freundschaftlichen Beziehungen wiederhergestellt werden. Aber wir wissen auch, dass es besonders viele Menschen gibt, die Russland und Deutschland spalten wollen, weil wir aufeinander zugehen, und viele Menschen haben Angst und wollen das nicht. Wir haben jedoch die Absicht, Freunde zu sein und eine Freundschaft aufzubauen, und wir warten darauf, dass unsere Journalistenkollegen zu uns nach Russland kommen. Und bitte vergessen Sie nicht, dass die Ostgoten aus der Krim kamen und der erste Staat dort Gothia genannt war. Das war auf der Krim, und es hat tausend Jahre lang existiert, deshalb fühlen sie sich persönlich so sehr zur Krim hingezogen. Wir würden uns sehr darauf freuen, ihre Vertreter, Journalisten und Kommunalbehörden zu treffen. Russland ist immer offen für den Dialog.

Printed in Poland
by Amazon Fulfillment
Poland Sp. z o.o., Wrocław

20784463R00092